O X DE MALCOLM
E A QUESTÃO RACIAL NORTE-AMERICANA

FUNDAÇÃO EDITORA DA UNESP

Presidente do Conselho Curador
Mário Sérgio Vasconcelos

Diretor-Presidente
José Castilho Marques Neto

Editor-Executivo
Jézio Hernani Bomfim Gutierre

Assessor Editorial
João Luís Ceccantini

Conselho Editorial Acadêmico
Alberto Tsuyoshi Ikeda
Áureo Busetto
Célia Aparecida Ferreira Tolentino
Eda Maria Góes
Elisabete Maniglia
Elisabeth Criscuolo Urbinati
Ildeberto Muniz de Almeida
Maria de Lourdes Ortiz Gandini Baldan
Nilson Ghirardello
Vicente Pleitez

Editores-Assistentes
Anderson Nobara
Jorge Pereira Filho
Leandro Rodrigues

VLADIMIR MIGUEL RODRIGUES

O X DE MALCOLM
E A QUESTÃO RACIAL
NORTE-AMERICANA

© 2013 Editora UNESP

Direitos de publicação reservados à:
Fundação Editora da UNESP (FEU)

Praça da Sé, 108
01001-900 – São Paulo – SP
Tel.: (0xx11) 3242-7171
Fax: (0xx11) 3242-7172
www.editoraunesp.com.br
www.livrariaunesp.com.br
feu@editora.unesp.br

CIP-BRASIL. CATALOGAÇÃO NA PUBLICAÇÃO
SINDICATO NACIONAL DOS EDITORES DE LIVROS, RJ

R617d

Rodrigues, Vladimir Miguel
 O X de Malcolm e a questão racial norte-americana / Vladimir Miguel Rodrigues. São Paulo: Editora Unesp, 2013.

Recurso digital; il.
Formato: ePDF
Requisitos do sistema: Adobe Acrobat Reader
Modo de acesso: World Wide Web
ISBN 978-85-393-0474-5 (recurso eletrônico)

1. Malcolm X, 1925-1965. 2. Negros – Estados Unidos – História. 3. Negros – África – História. 4 Relações raciais. 5. Racismo. 6. Discriminação racial. 7. Livros eletrônicos. I. Título.

13-04843
CDD: 305.896
CDU: 316.347

Este livro é publicado pelo projeto *Edição de Textos de Docentes e Pós-Graduados da UNESP* – Pró-Reitoria de Pós-Graduação da UNESP (PROPG) / Fundação Editora da UNESP (FEU)

Editora afiliada:

Em memória de Zumbi e de toda a comunidade palmarina; aos descendentes malês; para Abdias do Nascimento e ao Movimento Negro Unificado; em memória de Malcolm X, Martin Luther King Jr., Rosa Parks e todos os Panteras Negras que morreram pelos direitos dos afro-americanos; aos fundadores do hip-hop*; em memória de Toussaint e Dessalines que acabaram com a escravidão no Haiti e para todo o povo desse país; para Nelson Mandela e pela memória de Steve Biko e todos os que lutaram pelo fim do* apartheid *na África do Sul; em memória de todos os mártires que lutaram pela liberdade no mundo inteiro. Viva!*

Aos meus pais, Ruben e Suely, pela criação feita com humildade, fraternidade e dignidade que me ensinaram os alicerces da cidadania e pelo incentivo diário ao trabalho acadêmico. À minha esposa, Juliana, por todo o estímulo e carinho. Ao meu avô, João Miguel (in memoriam), paladino das lutas pela igualdade social e que me ensinou a irmandade entre os povos; ao professor doutor Alvaro Hattnher, um dos grandes responsáveis pela minha formação profissional e intelectual e sem o qual este trabalho não teria alcançado êxito; aos amigos que contribuíram com sugestões e apoio. A todos, meus sinceros agradecimentos.

"Se alcancei patamares tão elevados foi porque me apoiei sobre ombros de gigantes."
(Isaac Newton)

"Sou a soma dos meus antepassados e eles estão vivos dentro de mim. Por isso, sou representante de todos eles e reconheço que eles se manifestam através dos meus pensamentos."
(Provérbio oriental)

"Aprendemos a voar como pássaros, a nadar como peixes, mas não aprendemos a viver como irmãos."
(Martin Luther King Jr.)

"Não se pode separar paz de liberdade porque ninguém consegue estar em paz a menos que tenha sua liberdade."
(Malcolm X)

"Sim, nós podemos."
(Barack Hussein Obama)

"Posso não concordar com uma palavra do que disseres, mas lutarei a vida inteira pelo direito que tens de dizê-la."
(Voltaire)

"Ait illis quae inpossibilia sunt apud homines possibilia sunt apud Deum."
(Lucas 18:27)

SUMÁRIO

Prefácio 13
Introdução 17

1 Contexto histórico: Malcolm X, um protagonista
   de uma sociedade racista 23
2 Malcolm X: da alienação à consciência
   moderada 57
3 A representação de Malcolm X
   aos olhos de Spike Lee 145

Considerações finais 189
Referências bibliográficas 195

PREFÁCIO

Os estudos sobre cultura e literatura afro-americanas no Brasil ainda são, de maneira geral, bastante escassos. Apesar de algumas pesquisas notáveis sobre autores canônicos, como Langston Hughes, Richard Wright, Toni Morrison ou Alice Walker, a rica seara das produções de afrodescendentes nos Estados Unidos ainda continua pouco explorada entre nós. Eis aí um dos muitos motivos para darmos as boas-vindas a este estudo de Vladimir Miguel Rodrigues.

E, como pesquisador inquieto que sempre foi, Rodrigues optou pela "estrada menos viajada", nas palavras do poeta Robert Frost, e mergulhou na investigação sobre as formas de representação de um dos mais importantes ativistas e pensadores da história afro--americana, Malcolm Little ou Al Hajj Malik Al-Shabazz, mais conhecido como Malcolm X. E não satisfeito com o magnífico retrato elaborado por Alex Haley em *The autobiography of Malcolm X*, publicado originalmente em 1965, Rodrigues buscou estudar outra forma de representação do ativista negro, o filme *Malcolm X*, dirigido por Spike Lee e lançado em 1992.

A vida de Malcolm X, em especial a partir de sua conversão ao islamismo, representa, para a história de afrodescendentes nos Estados Unidos, um ponto fulcral de renovação e mudança, um lugar simbólico que aponta para todas as transformações que seriam

14 VLADIMIR MIGUEL RODRIGUES

uma consequência dos movimentos de luta por direitos civis nos anos 1960.

Sabemos que o grande fluxo migratório de populações negras em direção aos centros urbanos que ocorre nas últimas três décadas do século XIX, resultado direto da hedionda Guerra Civil (1861-1865), também desencadeia um processo de busca de expressão própria, de identidade, de autoafirmação dos afro-americanos e de inserção social pelos afro-americanos. No entanto, sabemos também que essas aspirações foram violentamente reprimidas pelas manifestações virulentas do racismo, em especial na Região Sul do país. O racismo norte-americano tornou-se institucional, por meio dos chamados "Black Codes", ou "Jim Crow Laws", leis estaduais que impediam, entre outras coisas, o casamento inter-racial e a livre reunião, e que dificultavam ao extremo a participação de negros em atividades especializadas, restringindo-os ao trabalho doméstico ou na agricultura.

Esse é fundamentalmente o pano de fundo em que viveu a geração de Malcolm X, em um país em que, àquela época, todos eram cidadãos americanos, menos os negros. Essa constatação foi exposta pelo próprio Malcolm X em 1964, no famoso discurso "The Ballot or the Bullet" dirigido a uma plateia de afro-americanos:

> Se você e eu fôssemos americanos, não haveria problema. Esses branquelos que acabaram de sair do barco, eles já são americanos, os polacos já são americanos, os refugiados italianos já são americanos. Tudo o que saiu da Europa, cada um deles com olhos azuis, já é um americano. E apesar de todo o tempo em que eu e você estamos aqui, nós ainda não somos americanos.[1]

O estudo de Vladimir Miguel Rodrigues nos conduz com mão firme e olhar crítico por todas as etapas da vida de Malcolm X, em especial seu amadurecimento como pensador, a importante

---

1 Breitman, G. *Malcolm X speaks*. New York: Grove Weideinfeld, 1990, p.36.

transformação de sua "consciência radical" em uma "consciência moderada", o que possivelmente motivou seu assassinato em 1965. Uma parte significativa da vida e da transformação de Malcolm Little em Malcolm X é capturada pelas lentes de Spike Lee em seu filme *Malcolm X*, que também é analisado aqui. Em busca dos pontos convergentes e divergentes entre o texto fílmico e o texto de Alex Haley, Rodrigues traça com competência os dois perfis do "personagem" Malcolm X e nos mostra suas diferenças e proximidades. Mostra-nos também, em última análise, a importância que o ativismo de Malcolm X teve e tem nas profundas transformações pelas quais os Estados Unidos passaram nas últimas quatro décadas e que culminaram com a eleição do primeiro presidente afro-americano em sua história.

Tendo acompanhado a construção deste trabalho desde seu início, vejo-o hoje como um estudo que, por seu objeto, pela seriedade e coerência daquilo que pretende discutir, pelo conjunto de ideias apresentadas, tornou-se uma obra que poderá ser classificada de maneira diversa. Podemos guardá-la nas estantes de literatura norte-americana, nas de história dos Estados Unidos, nas de cinema e estudos sobre adaptação. E é, sem dúvida, essa pluralidade que confere a este livro o seu maior mérito.

Alvaro Hattnher

Introdução

Este livro é fruto de uma dissertação de mestrado em Teoria de Literatura, apresentado na Universidade Estadual Paulista (Unesp), *campus* de São José do Rio Preto. É o resultado de longos e saudosos sete anos de trabalho que se iniciaram logo no começo da graduação em Letras. O projeto de mestrado "Malcolm X: entre o texto escrito e o visual" seguiu a temática já estudada em projetos anteriores, como o de estágio básico, no qual foi abordado o movimento revolucionário dos Panteras Negras e, mais tarde, na iniciação científica, em que foi estudada a ligação entre o movimento negro dos Estados Unidos e o movimento negro brasileiro. Foi nesse último momento que surgiu o interesse em estudar a figura do líder negro Malcolm X, conhecido por seu discurso áspero contra a elite branca e um dos responsáveis pelo início da chamada Revolução Negra nos Estados Unidos.

Malcolm X foi figura extremamente importante nos Estados Unidos, na década de 1960, tendo lutado ativamente pela liberdade dos negros. Muçulmano, inicialmente adepto da Nação do Islã, propagava um discurso radical contra os brancos, afirmando que os negros deveriam criar um país dentro dos Estados Unidos e viver em separado da América branca. Após viajar em 1964 a Meca e aos países africanos recém-independentes, reformulou seus

18   VLADIMIR MIGUEL RODRIGUES

ideais, abandonou a violência e a Nação do Islã, caminhando para a construção de um discurso socialista, moderado, conciliatório que objetivava a criação de uma identidade afro-americana. Sua vida teve fim em 1965, quando proferia uma palestra e foi brutalmente assassinado.

Nosso objetivo geral pautou-se em estabelecer um estudo comparado sobre as estratégias formais de transcodificação e de representação que se podem observar no diálogo existente entre a biografia de Malcolm X, escrita por Alex Haley (1965), *Autobiografia de Malcolm X*, e o filme de Spike Lee (1992), *Malcolm X*. Dessa maneira, estabelecemos aproximações e distanciamentos entre as duas obras, e também apontamos quais aspectos da vida de Malcolm as duas omitiram.

Organizamos este livro em três capítulos.

O Capítulo 1 – "Contexto histórico: Malcolm X, um protagonista de uma sociedade racista" – é uma imersão na história norte-americana. Primeiramente, embasados na teoria do "mito fundador" da filósofa brasileira Marilena Chaui (2000), fizemos uma comparação entre a fundação mítica do Brasil e dos Estados Unidos. Chaui afirma que a fundação brasileira foi baseada nas "visões do Paraíso".

Tentamos mostrar que a sociedade americana foi fundada com concepções "libertárias" e todo o seu processo histórico foi conduzido por meio desses ideais. Entretanto, a história do negro norte-americano nos mostra que tais concepções são, na verdade, paradoxais, pois os negros estiveram à margem da sociedade, não possuindo os direitos assegurados pela "democracia" norte-americana, que deveria garantir os direitos das minorias.

Pelo viés da população negra, realizamos uma análise cronológica dos principais momentos históricos da sociedade norte-americana. Partimos da chegada dos primeiros africanos por meio dos navios negreiros, passando pela prática da escravidão e pelo início da opressão racial na formação dos "reinos do algodão" no Sul das Treze Colônias.

Em seguida, abordamos as liberdades restritas proporcionadas pelo advento da administração de Lincoln e a participação dos

O X DE MALCOLM E A QUESTÃO RACIAL NORTE-AMERICANA **19**

negros na Guerra de Secessão, chegando, por fim, ao racismo e ao segregacionismo institucionalizado pelas "Leis Jim Crow" do final do século XIX e começo do XX que, para nós, teriam levado ao surgimento da personalidade "radical" de Malcolm X e da Nação do Islã e à emergência de vários outros movimentos na luta pelos direitos civis, como o de orientação cristã/batista de Martin Luther King Jr. ou então, o de luta armada, o do Partido dos Panteras Negras.

O Capítulo 2 – "Malcolm X: da alienação à consciência moderada" – inicia-se mediante um estudo sobre as construções biográficas. Primeiramente, assumimos que o livro *Autobiografia de Malcolm X*, escrito pelo jornalista Alex Haley (1965), é um texto biográfico, ao contrário do que diz o seu título. Na verdade, o livro se chama *Autobiografia*, mas a maneira como foi escrito nos leva a acreditar que se trata de uma biografia, em que, apesar de Haley ter sido auxiliado por Malcolm na elaboração dos textos, foi ele, o jornalista, quem deu os contornos finais ao texto, escolhendo e excluindo os temas principais a serem abordados dentro da obra final.

Para analisarmos o texto literário, incluímos, neste estudo, pensadores como Sérgio Villas Boas (2008), Walter Benjamin (1986) e outros que nos auxiliaram no embasamento teórico para estudar o tipo de imagem criada na figura de Malcolm X no livro de Haley e também para nos auxiliar a demonstrar que o relato biográfico é uma dentre tantas outras possibilidades de análise da vida de uma pessoa, principalmente quando se trata de uma figura histórica, como foi o caso de Malcolm X.

Sendo assim, tentamos explicitar que Haley criou um personagem no seu texto, o seu Malcolm X, o qual possui características próprias, não necessariamente reais, pois o processo de criação do biografado leva em conta as perspectivas e ideologias do biógrafo, que impõe no personagem biografado determinadas características que podem ser consideradas fictícias.

Essa é uma observação que nos leva a analisar Malcolm pelo ponto de vista da construção literária – um personagem dentro de um texto escrito, personagem que, aliás, foi criado com traços heroicos, que conheceu o inferno das drogas e da marginalidade, que passou pela prisão e lá encontrou o caminho da religião e da alfabetização que o levaram, mais tarde, à liderança de um movimento político-religioso de massas negras marginalizadas pelo sistema social norte-americano para, mais tarde, ser brutalmente assassinado em uma mesquita muçulmana, e em condições obscuras, não explicadas até os dias atuais.

Nesse capítulo, apresentamos vários fragmentos da obra de Haley e comentamos como foi criado o personagem "Malcolm X" na obra literária. Tentamos mostrar que, em alguns momentos, Haley selecionou características da vida de Malcolm que foram supervalorizadas, o que demonstra a sua total parcialidade quanto à vida e à obra de Malcolm X. E também apontamos que Haley deixou várias lacunas sobre a vida de Malcolm em seu texto, como um encontro com membros da Ku Klux Klan (KKK), entre outros aspectos controversos de sua vida pessoal.

Por fim, o Capítulo 3 – "A representação de Malcolm aos olhos de Spike Lee" – é uma análise sobre o filme *Malcolm X* do cineasta negro, norte-americano, Spike Lee. Nesse capítulo, inicialmente, destacamos a trajetória cinematográfica de Lee, conhecido, no mundo todo, por seus polêmicos filmes de temática racial, em que expôs as dificuldades e o racismo encontrados pela população negra nos Estados Unidos.

Posteriormente, munidos de concepções teóricas de Bernardet (1985), Heynemann (1994) e Vanoye e Goliot-Lété (1994), selecionamos cenas do filme *Malcolm X* para serem analisadas do ponto de vista da transcodificação do texto literário para a linguagem cinematográfica.

Mediante a análise fílmica dessas cenas, procuramos mostrar como Lee criou o seu Malcolm X. Apontamos ainda as aproximações e os distanciamentos entre a obra escrita de Haley e a obra visual de Lee. Este último, aliás, assim como constatamos no texto escrito, não revelou para o público algumas possíveis características da vida de Malcolm, como o relacionamento com o desafeto Louis Farrakhan ou então o envolvimento com a homossexualidade na juventude.

Um aspecto que procuramos evidenciar foi o de que Lee, assim como Haley, teve uma visão parcial dos fatos e impôs ao seu Malcolm características heroicas. Vale destacar que a distância entre ambas as construções históricas da personalidade de Malcolm é de quase trinta anos. Dessa maneira, Lee teve acesso a mais informações e a revelações sobre a vida de Malcolm, podendo, assim, especular sobre o seu obscuro assassinato, assunto sobre o qual Haley não dissertou, talvez por pressão de envolvidos ou por falta de informações.

Lee terminou seu filme deixando como mensagem para o público que a figura de Malcolm é a de um herói dos negros norte--americanos e um dos grandes responsáveis pela integração racial no país. E, finalizando, o filme de Lee tentou relacionar a imagem de Malcolm às lutas internacionais pelos direitos humanos, como é o caso da África do Sul de Mandela, que, na época em que o filme foi lançado, acabava de sair do regime racista do *apartheid*, perspectiva que mostra quanto o contexto histórico influencia a criação de uma memória histórica.

Em "Considerações finais", procuramos mostrar como a figura de Malcolm, independentemente do julgamento de Alex Haley e Spike Lee, foi importante para o desenvolvimento social dos Estados Unidos e, em especial, para a comunidade negra. E, acima de tudo, os resultados de sua luta para os Estados Unidos dos dias atuais, quase cinquenta anos após sua morte, como a eleição do primeiro presidente negro do país, Barack Obama.

1
Contexto histórico: Malcolm X, um protagonista de uma sociedade racista

Fundação e formação dos Estados Unidos

> *"Na arena de lidar com seres humanos, a inteligência funcional do homem branco titubeia. E essa inteligência falha inteiramente se por acaso os outros seres humanos não são brancos. É capaz de cometer contra os não brancos os atos emocionais espontâneos mais inacreditáveis, tão profundamente arraigado é o seu complexo da 'superioridade branca'. Onde foi lançada a bomba atômica... 'para salvar vidas americanas'?"*
>
> (Malcolm X apud Haley, 1965, p.170)

As nações americanas começaram a nascer a partir do final do século XVIII, principalmente por meio da crise do sistema colonial europeu e pelo início dos movimentos emancipacionistas. Surgiram de norte a sul no continente, nas últimas décadas daquele século, as Treze Colônias inglesas, o Haiti francês, os vice-reinados espanhóis e o Brasil português.

A construção de uma nação é o resultado de sua *formação* e de sua *fundação*. De acordo com Chaui (2000, p.9), a primeira não se refere apenas "às determinações econômicas, sociais e políticas que produzem

24 VLADIMIR MIGUEL RODRIGUES

um acontecimento histórico, mas também em *transformação* e, portanto, na continuidade ou na descontinuidade dos acontecimentos, percebidos como processos temporais". Em síntese, *formação* significa as transformações dialéticas do processo histórico. Já o segundo conceito, o de *fundação*, ainda segundo Chaui (2000, p.5),

> [...] refere-se a um momento passado imaginário tido como instante originário que se mantém vivo e presente no curso do tempo, isto é, a fundação visa algo tido como perene (quase eterno) que traveja e sustenta o curso temporal e lhe dá sentido. A fundação pretende situar-se além do tempo, fora da história, num presente que não cessa nunca sob a multiplicidade de formas ou aspectos que pode tomar.

Dessa maneira, a *fundação* surge de uma visão mítica do primeiro contato dos colonizadores com o novo território (no caso aqui analisado, as Treze Colônias que darão origem à sociedade norte--americana, da qual Malcolm X é participante), e, ao mesmo tempo, essa *fundação* mitológica, segundo a filósofa, é a força ideológica e transcendental propulsora das transformações históricas. Chaui (2000) chama esse processo de *mito fundador*.

Embora a concepção de *mito fundador* proposta por Chaui (2000) tenha surgido e sido aplicada à sociedade brasileira, com base nas "visões do Paraíso" relacionadas à simbologia da chegada dos portugueses à América, verifica-se que é possível também a aplicação desse conceito ao surgimento da sociedade americana.

As ideologias constituintes da fundação mitológica de qualquer país, seja dos Estados Unidos, seja do Brasil, renovam-se para se adequarem ao novo momento histórico. Como diz Chaui (2000, p.10), "é exatamente por isso que, sob novas roupagens, o mito pode repetir-se indefinidamente". Isso ocorre pelo fato de o mito simplesmente ser transcendente à realidade. As representações da fundação se consolidam por meio da própria cultura do país, manifestando-se em aspectos culturais gerais, na economia, política, sociedade em geral.

O X DE MALCOLM E A QUESTÃO RACIAL NORTE-AMERICANA   25

Quando aplicamos essa perspectiva aos Estados Unidos, é possível afirmar que a fundação das Treze Colônias, que em 1776 ganhariam o nome de Estados Unidos da América, baseou-se em uma potencial "busca por liberdade". Na chegada dos primeiros ingleses à América do Norte nos navios do capitão Christopher Newport (Commager; Nevins, 1966, p.13), no início do século XVII, começa a se constituir uma visão da liberdade. Embora os colonos também se deslumbrassem com a geografia da Virgínia, com seus "prados abertos e boas árvores, com uma água tão fresca que a simples visão quase os arrebatava" (ibidem, p.9), foi a oportunidade de viver em uma comunidade baseada na liberdade que lhes deu uma maior empolgação.

Por razões históricas que remontam à Reforma Protestante inglesa e ao repressivo e intolerante regime absolutista daquele país, essa liberdade, primeiramente, seria a religiosa. Os ingleses que saíram da Inglaterra para se tornarem colonos na América o fizeram, principalmente, em consequência da perseguição religiosa aos puritanos, feita ora por católicos, ora por anglicanos.

Em todos os lugares aonde os peregrinos chegassem, seriam inerentes, em tese, os direitos dos ingleses nascidos livres (ibidem, p.33), herdeiros de seus ancestrais que lutaram incessantemente pela liberdade na Inglaterra. Esses direitos já estavam incluídos na Constituição da Virgínia, a então "terra da liberdade": todos os colonos deveriam ter acesso às liberdades, às imunidades e aos privilégios cujos ideais também já se encontram na filosofia renovadora e pré-iluminista de John Locke. Para que esses direitos realmente entrassem em vigor, foi essencial a total vigilância dos colonos para todo e qualquer tipo de interferência da Coroa nas suas liberdades. Formou-se, então, o chamado autogoverno (ibidem, p.34), característica peculiar da colonização inglesa na Nova Inglaterra, que dava àquelas colônias uma maior autonomia em relação à Inglaterra. Talvez essa maneira peculiar de governar seja o principal fator de diferenciação entre a colonização inglesa e as demais colonizações ibéricas: um oásis dentro da América, visto que praticamente todas as outras colônias no continente, sejam elas de espanhóis ou

26   VLADIMIR MIGUEL RODRIGUES

portugueses, eram subordinadas à Metrópole por meio do Pacto Colonial mercantilista e monopolista. A autonomia das colônias nortistas, principalmente, foi fundamental para o seu desenvolvimento e fator de diferenciação econômica, política e cultural em relação às outras colônias ao longo do continente recém-descoberto. Percebe-se, aqui nesta passagem, uma manifestação própria do *mito fundador*, uma vez que os colonos manifestaram seus princípios libertários no campo político, não aceitando a submissão à Metrópole.

Ao longo do processo histórico das Treze Colônias inglesas, o exercício da liberdade, que num primeiro momento estava relacionado às práticas religiosas, acabou se difundindo para todos os setores da sociedade que emergia, principalmente nas esferas política e econômica. A Assembleia da Virgínia decretou leis fundamentais para preservar os direitos da colônia, principalmente no que tange ao fisco e ao Legislativo (ibidem). O pioneirismo virginiano foi seguido por muitas outras colônias que eram estruturadas pelo autogoverno, contribuindo para a formação de uma significativa e ímpar representatividade política interna nas colônias.

Em 1776, momento singular da história dos Estados Unidos, ocorreria o cisma com a Coroa inglesa em virtude da decisão da Coroa britânica de intensificar o controle político e a exploração econômica das colônias após as perdas ocasionadas pelo conflito contra os rivais franceses por territórios na América do Norte na chamada Guerra dos Sete Anos (1756-1763). Essa guerra acabou por estreitar os laços ideológicos entre franceses e os colonos americanos, principalmente pelas doutrinas iluministas que nortearam os processos revolucionários de ambos os países no mesmo contexto histórico, pois é completamente pertinente relacionar aqui a referida guerra à emergência de dois episódios fundamentais na história dos Estados Unidos, a Revolução Americana e, no caso francês, a Revolução Francesa.

Embora tivessem ganhado a guerra, os ingleses saíram do conflito com suas finanças desestabilizadas. Tiveram que mexer no fisco e no bolso dos colonos. Dessa forma, a autonomia colonial foi ameaçada por um conjunto de imposições que os prejudicavam, culminando

O X DE MALCOLM E A QUESTÃO RACIAL NORTE-AMERICANA   **27**

na criação de novos impostos, como a Lei do Selo, a Lei do Açúcar, a Lei do Chá e, por fim, as Leis Intoleráveis (ibidem, p.84).

Na América do Norte, a situação tornou-se insustentável, levando os colonos à Declaração de Independência em 4 de julho de 1776, no Segundo Congresso da Filadélfia (ibidem, p.108). Liderados por George Washington, Thomas Jefferson, entre outros chamados de "pais da pátria" e inspirados nos ideais iluministas, os agora norte-americanos lutaram até 1783 pela criação da nova nação, que teve a primeira Constituição promulgada em 1787. O regime político era republicano-federativo, já que a autonomia estadual era prioridade em razão das diferenças econômicas e culturais dentro dos Estados, ex-colônias (ibidem, p.136).

O *mito fundador* estaria presente em outros episódios impor-tantes da história dos Estados Unidos: após a Segunda Guerra de Independência (1811-1812), a Doutrina Monroe fazia frente ao Congresso de Viena, lutando pela liberdade dos povos da América e não aceitando a ideia de recolonização do continente.

Em outro momento, décadas depois, na Guerra Civil (1861-1865), os confederados (Estados do Sul), que queriam a continuidade da escravidão, pleitearam sua liberdade em relação aos Estados do Norte, que objetivavam o fim da escravidão (ibi-dem, p.240, 518). Os sulistas, por conseguinte, criaram os Estados confederados e a Secessão teve início. Dentro do imaginário político norte-americano, esse fato histórico pode ser identificado como uma manifestação de liberdade política, uma das características do mito fundador. No século XX, durante e logo após a Segunda Guerra Mundial, os Estados Unidos lutaram pela liberdade mun-dial e pela democracia, primeiro contra o nazismo e depois contra o comunismo no âmbito da guerra fria, embora isso tenha sido feito utilizando meios nem um pouco lícitos, como o patrocínio de dita-duras militares que desrespeitaram os direitos humanos, como no caso latino-americano.

Em resumo, é possível enumerar diversos outros episódios da historiografia americana que utilizaram, à sua maneira e de acordo com seu interesse, os ideais de liberdade. Talvez nenhum outro tenha

28   VLADIMIR MIGUEL RODRIGUES

sido mais importante, justo e humanitário que a luta pela liberdade dos negros. Eles lutaram por algo que já era considerado um direito natural, afinal a *fundação* dos Estados Unidos e a filosofia da Revolução Americana colocavam, em primeiro lugar, o "direito à vida, à liberdade e à busca da felicidade". Entretanto, já que essa liberdade era voltada somente aos seres humanos e não a "seres inferiores" como eram considerados os negros pelo pensamento dos colonos sulistas ou por outra perspectiva, pela mentalidade capitalista, que tornava os negros uma mercadoria, coube a eles uma dura luta para conseguir suas liberdades individuais.

Durante uma considerável parte da história dos Estados Unidos, os negros foram humilhados e subjugados por uma sociedade, que foi dominada, política e economicamente por brancos. A conjuntura de exploração em que o negro viveu durante séculos propiciou, principalmente a partir da década de 1950, o advento de personalidades e grupos que lutavam pelos direitos civis da comunidade afro-americana, como é o caso de Malcolm X, Martin Luther King Jr. e os Panteras Negras.

A escravidão do negro e sua humilhação posterior à Guerra Civil, em um suposto momento de "liberdade civil", é uma mancha sangrenta no coração da sociedade norte-americana, fundada em ideais de liberdade, mas que na prática foram válidos somente para os indivíduos de cor branca. Na verdade, cidadania e cor da pele estiveram lado a lado em quase toda a história dos Estados Unidos, estando os afro-americanos à margem dos direitos humanos em geral.

Dessa forma, como acontece na análise brasileira de Marilena Chaui (2000), percebe-se que o *mito fundador* americano é contraditório. No Brasil, as "visões do Paraíso" que fundaram nosso país se contradizem com a realidade social marcada por uma miséria e corrupção crônicas. Já nos Estados Unidos, o *mito fundador*, criado por uma ideologia libertária, exclui de suas concepções míticas o negro, tratado ao longo de boa parte da história dos Estados Unidos como uma mercadoria do sistema capitalista, afastado das liberdades civis da população branca.

A chegada dos primeiros negreiros e a volta à África

> *"Ninguém sabe quando chegará a hora da redenção da África. Mas está no vento. Está vindo. Um dia, como uma tempestade, estará aqui."*
>
> (Earl Little, pai de Malcolm, apud Haley, 1965, p.20)

No período pós-descolonização do continente africano, por volta das décadas de 1960 e 1970, a historiografia mundial passou a dar uma significativa atenção à história africana. Por ora, analisaremos os principais momentos da história do continente, iniciando-a a partir da Idade Média e enfatizando o momento do advento do tráfico de escravizados, por volta do final do século XV. Entretanto, isso não significa desconsiderar os fatos históricos anteriores à medievalidade, muito pelo contrário. Os estudos biológicos, arqueológicos e antropológicos nos mostram que a espécie humana apareceu pela primeira vez no continente negro. O hominídeo mais antigo que se conhece é o *Australopithecus*, encontrado na África do Sul (Arruda, 1974a, p.30).

Existiram, no mínimo, três importantes Estados africanos durante a Idade Média. Mali, Gana e Songai sobreviveram por vários séculos até serem submetidos ao domínio muçulmano (Franklin; Moss Jr., 1989). Mais do que a invasão e a dominação muçulmana, que ocorreu na segunda metade do primeiro milênio, os africanos vieram a sofrer, a partir do século XV, o domínio e a humilhação do seu povo por parte dos europeus. A vida e a história da África devem ser divididas em antes e depois do início do tráfico negreiro, que mudou o curso de milhões de vidas e almas negras.

Com o interesse predominantemente comercial e incentivados pela descoberta de um novo continente, a América, os traficantes de escravos encontraram na África o seu paraíso econômico. A Revolução Comercial, a necessidade de mão de obra barata e a *justificativa cristã* (que desde o início da escravidão usou o argumento de que os negros não possuíam alma e, por isso, deveriam ser escravizados) foram fundamentais para que a escravidão dos africanos crescesse vertiginosamente do século XVI ao XVIII, tendo entrado em declínio no século XIX. Pode-se afirmar de maneira genérica que o capitalismo triunfou na América e na Europa principalmente pela submissão do continente africano e de seus filhos. O que hoje se chama *"dumping* social"[1] foi mais do que notável naquela época. Enquanto a Europa e parte de seus filhos enriqueciam no novo continente, os habitantes nativos da América e os africanos eram explorados das mais diferentes formas. Os traficantes apoiavam seus atos no fato de a escravidão já existir na África. Naquele continente, a escravidão não estava relacionada à acumulação de capital, ela ocorria, principalmente, por conquista e guerras tribais, não estando inserida no processo exploratório capitalista (Nascimento, 1980, p.23).

O tráfico negreiro era um grande negócio, sem precedentes históricos. Na contemporaneidade, no mundo globalizado, não há atividade lícita que corresponda aos lucros obtidos pelos traficantes de escravos na Época Moderna. Os lucros eram tremendos (Gomes; Ferreira, 2005, p.14). Portugueses, holandeses e ingleses dominaram a atividade que durou até a segunda metade do século XIX.

A passagem da África para as Américas era desumana, como viria a ser ainda o trabalho dos negros no novo continente. As embarcações eram precárias, e a alimentação, insuficiente. Havia a disseminação de doenças. Uma significativa parte dos africanos nem chegava à terra encontrada por Colombo. Entre o século XVI e o XIX, o número de escravizados trazidos para as Américas variou entre 10 e 12 milhões de pessoas (ibidem), já que o número de mortos durante a viagem é impossível de ser determinado com precisão. Embora os números não sejam precisos, aumentando ou diminuindo de acordo com a fonte histórica, é notável a enorme quantidade de africanos que tiveram seus destinos alterados pelo homem branco.

---

1 O *"dumping* social" consiste em vender uma mercadoria a preço baixo por meio da utilização de mão de obra barata.

Chegando à América, os negros foram distribuídos por todo o território. Estiveram presentes nas Antilhas, na América Continental em grande número – Panamá, Caracas, Cartagena, Bahia, Pernambuco –, na América Andina, em menor quantidade e, é claro, na América do Norte, principalmente no Sul dos Estados Unidos. Nas Treze Colônias, a maior presença de escravos esteve no Sul, embora seus serviços também fossem utilizados em muito menor grau nas Colônias Centrais e Nova Inglaterra. Porém, o tratamento dispensado ao negro, no início de sua jornada nas Treze Colônias, variava de acordo com a região em que trabalhava. Por exemplo, em Nova York, já se reconhecia a imoralidade da instituição, o que não ocorria nas Carolinas e na Virgínia, que contavam com Códigos Escravistas que excluíam os negros de todas as instâncias sociais e baseavam sua economia nas mãos e nos pés dos escravos (Commager; Nevins, 1966, p.60).

O ambiente de trabalho dos escravos das Treze Colônias era praticamente igual aos dos outros negros da América: trabalhavam de maneira extenuante, em altas jornadas de trabalho (Fausto, 2002, p.41). Seus esforços estavam voltados, principalmente, para a produção de fumo, algodão, anil, açúcar, entre outras atividades. Apesar de a escravidão ser uma instituição repugnante, não foram muitas as pessoas que atentaram para a questão durante a sua existência. E foram poucos os homens públicos dos Estados Unidos que se dedicaram a lutar pelo seu fim. Dizia-se que, na Pensilvânia, o negro era relativamente respeitado, pois, nessa colônia, a escravidão não foi bem-sucedida graças à perda de espaço da agricultura em virtude do desenvolvimento do comércio. Talvez, o negro recebesse seu pior tratamento nas Carolinas, em Maryland, Geórgia e Virgínia (Commager; Nevins, 1966, p.60). Nesses Estados, existiam códigos escravistas extremamente rigorosos e foi neles que se desenvolveram mais fortemente o preconceito e o racismo ao negro. Tratamento que se expandiu pelos outros Estados sulistas que viriam a surgir com a expansão territorial norte-americana, como Mississippi, Tennessee e Alabama, regiões que compõem o chamado "sul profundo".

32 VLADIMIR MIGUEL RODRIGUES

Principalmente no Sul das Treze Colônias, os números da população negra ultrapassaram ou se mantiveram bem próximos aos da população branca, o que causou um forte desgaste na sociedade, justamente pelo temor de revoltas dos escravos (McPherson, 1996, p.15). A questão do fim da escravidão não era prioridade dos políticos importantes, mesmo após a independência, embora fosse muito debatida. O texto de Thomas Jefferson contra a escravidão foi retirado da Declaração de Independência e os negros ficaram desamparados por um bom tempo. Um possível fragmento que não foi incluído na Declaração dizia:

> Ele (Thomas Jefferson) travou uma batalha cruel contra a natureza humana, violando os seus mais sagrados direitos à vida e à liberdade de um povo distante que jamais o ofendeu; prendendo-os e levando-os para a escravidão em um outro hemisfério, ou matando de uma forma miserável nos transportes que os trazem. Esse empreendimento pirata, a vergonha pública dos Poderes Infiéis, é a guerra do Reino Cristão da Grã-Bretanha. Determinado a manter aberto o mercado onde homens podem ser comprados e vendidos, ele prostituiu a sua posição contrária de suprimir toda tentativa do legislativo que viria a proibir ou conter esse terrível comércio. (Christian, 1998, p.52)

Provavelmente, esse trecho que fez parte do rascunho da famosa Declaração de Independência de 1776 não foi utilizado pelo fato de a maioria dos líderes da Revolução ser a favor da instituição. Afinal, a escravidão foi fundamental para a *formação* dos Estados Unidos da América. Possivelmente, sem os negros teria sido impossível construir a potência que são hoje os Estados Unidos.

A filosofia revolucionária da década de 1770 não se estendia aos negros. George Washington voltou sua sabedoria para a "superioridade branca". O próprio Jefferson se posicionou diversas vezes contrário à abolição, embora fosse dono de escravos. É de sua autoria a seguinte frase: "qualquer que seja o grau dos talentos dos negros, ele não é a medida dos seus direitos" (Staa, 2009). Em outra oportunidade, o mesmo Jefferson declarou também:

O X DE MALCOLM E A QUESTÃO RACIAL NORTE-AMERICANA **33**

> Nada está mais certamente escrito no livro do destino que estas pessoas [os negros] devem ser livres. Mas também não é menos certo de que as duas raças, igualmente livres, não podem viver sob o mesmo governo. Natureza, hábito, opinião, traçaram linhas indeléveis de distinção entre elas. (Staa, 2009)

Esse pensamento de Thomas Jefferson era lugar-comum na sociedade norte-americana.

Por esse e outros motivos, começou uma manifestação conservadora dentro da sociedade (a que acreditava na "pureza da raça") para que os escravos libertos fossem mandados de volta à África. Assim, com o passar dos anos, foram surgindo organizações que trabalhavam para levar os escravos alforriados de volta à sua terra natal. O próprio Jefferson presidiu, em 1777, uma comissão legislativa da Virgínia que apresentava um plano de gradativa emancipação e deportação. Por volta de 1817, organizou-se a Sociedade Norte-Americana de Colonização que teve como principal obra a fundação de uma colônia para receber os escravos, a Libéria. Ainda hoje o país, que conseguiu sua independência em 1847, tem o formato e as cores da bandeira dos Estados Unidos, e o nome de sua capital, Monróvia, deriva de James Monroe (1823-1830), presidente americano na época de sua fundação. Mesmo com o incentivo do governo federal, juntamente com o capital privado, não mais de 15 mil negros migraram do país. A Sociedade foi bem ativa durante algumas décadas, chegando ao seu fim antes da Guerra de Secessão. Muitos veículos de comunicação e também algumas comunidades negras apoiaram a ideia da volta à África, ideia mais bem elaborada na transição entre o século XIX e o XX por algumas vertentes do nacionalismo negro, principalmente quando tratamos da ideologia de Marcus Garvey, do qual falaremos mais à frente. No entanto, essa tese não era consenso nos Estados Unidos e foi motivo de muita discussão na sociedade. O movimento abolicionista, no começo do século XIX, começava a ganhar cada vez mais forças, e as diferenças entre Norte e Sul aumentavam, principalmente quando o assunto era a escravidão. A maioria da população negra rechaçou a ideia. Talvez esse projeto

34 VLADIMIR MIGUEL RODRIGUES

fosse um dos projetos mais desvairados já patrocinados por homens esclarecidos.

Esses homens esclarecidos, os chamados "pais da pátria", também trataram com ingratidão a participação dos negros durante o conturbado período de pré e pós-guerra de independência. É importante destacar que o general Washington só se posicionou a favor do alistamento de negros no Exército revolucionário após a Inglaterra flertar com eles para que entrassem na guerra ao seu lado (Commager; Nevins, 1966, p.112). Washington argumentava que, se os negros tivessem armas em mãos, poderiam se rebelar contra os brancos. Essa passagem histórica é parecida com outro fato de talvez mesma proporção, ocorrido no Brasil, quando da Guerra do Paraguai, em que os líderes do Exército brasileiro, destacando o conde d'Eu, marido da princesa Isabel, temiam que os negros que lutaram na vitória contra o Paraguai resolvessem se manifestar internamente pelo fim da escravidão, podendo gerar um conflito civil de grandes proporções.

Washington, no entanto, ao ver que era possível a entrada de negros no Exército Real, incorporou-os às tropas revolucionárias. Durante o apoio francês à Revolução Americana, que foi de extrema importância para a vitória dos revolucionários, o general Lafayette apontou para a imoralidade da escravidão, fato que foi desprezado pelos comandantes da rebelião (Kaminsky, 2005, p.34-5).

A Independência dos Estados Unidos é um dos maiores eventos da historiografia do país e, assim, contribui para a reconstituição do *mito fundador* norte-americano, baseado originariamente na liberdade. O episódio retoma a *fundação* dos Estados Unidos ao invocar os ideais de liberdade dos colonos, que estavam sendo explicitamente incomodados política e economicamente pela Coroa da Inglaterra após a Guerra dos Sete Anos contra a França.

É um movimento reconhecido e prestigiado por se tratar de um fenômeno libertário e iluminista, embora não tenha englobado a questão da escravidão. Nessa perspectiva, é possível afirmar que, para o negro, por causa do mau tratamento recebido, a Revolução foi uma grande farsa, na medida em que não correspondeu aos anseios da população negra, que almejava a abolição. O 4 de julho de 1776 é uma data em que a liberdade será lembrada, sim, mas somente para a população branca. Nesse sentido, é interessante o comentário de Fredrick Douglass, um dos expoentes do movimento abolicionista norte-americano. Convidado a fazer um discurso durante as comemorações de 4 de julho de 1852, Douglass (apud Haslam, 1971, p.47) expõe, por meio de perguntas retóricas, o significado da independência americana para os negros diante de uma plateia predominantemente branca:

> Por que fui chamado para falar aqui hoje? O que tenho eu, ou aqueles a quem represento, a ver com a sua independência nacional? Será que os grandes princípios de liberdade política e de justiça verdadeira incluídos na Declaração de Independência estendem-se a nós? [...] O que é, para o escravo americano, o Quatro de Julho? Eu respondo: é o dia que a ele revela, mais do que todos os outros dias do ano, as injustiças e crueldades brutais das quais ele é uma vítima constante.

Para o negro, após pegar em armas e dar sua vida em nome da independência, sobraram incertezas quanto ao seu futuro. Aliás, uma certeza eles tiveram, a de que continuariam a ser escravos. A própria Declaração de Independência soava como uma grande mentira, pelo menos para os negros, quando afirmava:

> Que todos os homens são *criados iguais*, que são *dotados pelo seu Criador com certos direitos inalienáveis*, que entre estes está *a Vida*, a *Liberdade e a Busca da Felicidade* – Que para assegurar estes direitos, são instituídos governos entre os homens, derivando seu poder do consentimento dos governados – Que, quando qualquer forma de Governo se torna destrutiva destas finalidades, é direito do povo alterá-la ou aboli-la e instituir um novo Governo, estabelecendo suas bases em tais princípios e organizando seus poderes de tal forma que lhes pareça mais capaz de resultar em sua Segurança e Felicidade. (apud Commager; Nevins, 1966, p.105, grifos nossos)

É mais do que evidente que os trechos grifados no texto estavam muito longe de serem aplicados aos negros, comprovando a visão paradoxal do mito fundador. Enquanto a tão vangloriada e imitada Declaração de Independência garantia uma suposta liberdade a "todos os homens", em 1787, a primeira Constituição americana garantia o exercício da escravidão quando ressaltava: "o governo deve repousar sobre o domínio da propriedade". Como o negro era considerado uma mercadoria, inerente à fazenda, a escravidão estava justificada e contida dentro da Carta Maior. Os poucos e únicos escravos libertos naquele período foram os que lutaram e ajudaram as colônias a vencer a Coroa inglesa.

O Destino Manifesto e a Secessão

> "O branco do Sul sempre recebeu justiça do Sr. Muhammad. Uma coisa que se pode se pode dizer a respeito do branco do Sul: ele é honesto. Mostra os dentes para o homem preto. Diz ao homem preto, na cara, que os brancos do Sul jamais aceitarão a falsa 'integração'... Mas o branco do Norte sorri com os dentes e apresenta a boca sempre cheia de truques e mentiras de 'igualdade' e 'integração'."

> (Malcolm X apud Haley, 1965, p.282-3)

No início do século XIX, a população negra chegava perto de um milhão de habitantes, os quais viviam majoritariamente na zona rural (Franklin; Moss Jr., 1989). Nessa época, muitos negros acabaram indo trabalhar nos chamados "reinos de algodão" do Sul. Da mesma forma que ocorria em praticamente todos os sistemas de *plantation* das Américas, da Georgia a Pernambuco, os escravos eram extremamente explorados, a serviço do sistema capitalista, chegando a trabalhar, no verão, cerca de 16 horas diárias, com um pequeno intervalo de descanso ao meio-dia (Commager; Nevins, 1966, p.225).

O X DE MALCOLM E A QUESTÃO RACIAL NORTE-AMERICANA   37

Em 1808, nos Estados Unidos, uma lei que, teoricamente, ajudaria os negros foi decretada: estabelecia o fim do tráfico negreiro. Porém, em razão dos interesses financeiros dos sulistas, a lei não foi cumprida em grande parte do país. Pelo contrário, os códigos escravistas ganharam mais força nessas regiões e deu-se início a um forte tráfico interno de escravos (da mesma forma que ocorreu no Brasil após 1850, quando da proibição do tráfico por meio da Lei Eusébio de Queiróz, transferindo os escravos das ociosas plantações de cana-de-açúcar do Nordeste para a explosão do café no Sudeste). Os escravos começaram a ser deslocados principalmente para a Região Oeste, a fim de auxiliar os colonos na marcha para a conquista de outros territórios, que se desenhava nessa região.

Embora o Oeste fosse usado, também, para a expansão da escravidão pelos senhores brancos, muitos negros o viam com bons olhos. Poderia ser um lugar de oportunidades, de uma vida mais justa cuja possibilidade de alforria era significativa, principalmente com a perspectiva de enriquecimento que estava no imaginário de todo residente nos Estados Unidos após a descoberta de ouro na Califórnia, a chamada *Gold Rush*, fato histórico semelhante à interiorização e ao achamento de metais preciosos nas veredas de Minas Gerais, na passagem do século XVII para o XVIII, no auge da mineração.

Muitos negros que queriam a liberdade a todo custo tentavam seu objetivo por meio de fugas. A historiografia dedicada à questão dos escravos africanos vem tentando insistentemente desconstruir a ideia de passividade dos negros em relação à escravidão, dando grande destaque aos diversos motins e às sublevações de escravos que lutavam contra o regime escravocrata. No século XIX, nos Estados Unidos, ficou consagrada a chamada *Underground Railroad*, um caminho para a liberdade que levava os negros do Sul sempre para o Norte. Foi nesse contexto de oposição à escravatura que o Sul se aproveitou para criar mais leis favorecendo os grandes latifundiários, que jamais aceitariam viver em pé de igualdade com os negros.

Cabe destacar que as populações de origem anglo-saxônica, como ingleses, escoceses e irlandeses – colonizadores da América do Norte –, chegaram ao novo continente com o ideal de superioridade,

38 VLADIMIR MIGUEL RODRIGUES

ao contrário do que acontecia com portugueses e em menor grau com espanhóis (ibidem, p.13). Os ibéricos aprenderam, desde a Idade Média, a conviver com o "outro", com os islâmicos primeiramente e depois com os africanos, no início da Idade Moderna.

Foi de suma importância para o desenvolvimento das sociedades ibéricas o contato secular com a civilização muçulmana durante a expansão da fé islâmica na Idade Média e a posterior conquista da Península Ibérica e a formação dos califados em território europeu, fato que contribuiu substancialmente para o intercâmbio e incremento cultural na Europa medieval e, principalmente, aqui no caso, para o convívio dos portugueses com povos de diferentes etnias e cultura (Freyre, 2001, p.125).

Temendo perder a supremacia sobre a população "de cor", a população branca do Sul, na década de 1830, estava mais do que apreensiva. A divulgação de um material contra a escravidão, o *Appeal*, de David Walker, incentivou o surgimento de movimentos abolicionistas. Várias revoltas explodiram desde a Louisiana até a Carolina do Norte. A maior revolta de escravos de que se tem notícia foi liderada por Nat Turner. Escravo do condado de Southampton, na Virgínia, Turner considerava-se o messias dos negros, imbuído de uma força vinda da Providência que seria usada para libertar seus irmãos da escravidão. Planejou sua revolta durante algum tempo e, depois de um eclipse solar, decidiu que o sinal dos céus já havia sido dado e o levante deveria ser iniciado. No dia 13 de agosto de 1831, explodiu a famosa revolta de Nat Turner (Grant, 1991, p.53-9), na qual morreram dezenas de brancos e centenas de negros. Depois da insurreição, que foi contornada rapidamente pelos fazendeiros sulistas, várias outras pequenas revoltas ocorreram, mas nenhuma maior que a de Turner.

Dentro do imaginário insurrecional dos negros na luta contra a escravidão, em uma comparação entre Brasil e Estados Unidos, respeitadas as particularidades e devidas proporções, a revolta de Nat Turner gerou medo entre os senhores brancos dos Estados Unidos da mesma forma que Zumbi e Palmares geraram entre os fazendeiros do Nordeste brasileiro e que, indo além, Toussaint e Dessalines

O X DE MALCOLM E A QUESTÃO RACIAL NORTE-AMERICANA   39

e os negros revolucionários da libertária Santo Domingo, no Haiti, geraram em franceses e em Napoleão Bonaparte, a ponto do então primeiro cônsul francês vender a Louisiana aos Estados Unidos, com medo de perder o território para a população escrava, que estava em grande número naquela região sulista (Franklin; Moss Jr., 1989).

Nessa conjuntura de contestação da escravidão, de revoltas escravistas, de expansão econômica do algodão e com a aquisição e a incorporação de novos territórios, como o da Flórida, surgiu um ideário que, de certa maneira, existe até hoje nos Estados Unidos. A frase do periódico *New Orleans Courier*, em meados da década de 1850, mostra bem o que viria a ser esse ideário: "A pura raça anglo-americana está destinada a estender-se por todo o mundo com a força de um tufão. A raça hispano-mourisca será abatida" (apud Schilling, 1984, p.172). O enunciado, nitidamente preconceituoso, evidencia o caráter da sociedade da época. O primeiro a usar a expressão "destino manifesto" foi, possivelmente, o jornalista John L. O'Sullivan em "A Divine Destiny for America", em 1848, importante entusiasta do Partido Democrata da época, um dos agrupamentos políticos mais conservadores durante a passagem da primeira para a segunda metade do século XIX, aliás, partido que incentivou a Secessão e advogou pela anexação dos territórios a Oeste, principalmente no conflito contra o México, tendo como destaque o então presidente James K. Polk (Commager; Nevins, 1966, p.220).

Os enunciados do Destino Manifesto, de certa forma, dialogavam com outra ideologia imperialista que circulava em alguns países europeus, principalmente a Inglaterra: a ideia do "fardo do homem branco", doutrina próxima ao darwinismo social que afirmava a superioridade europeia e que serviu de inspiração para as potências do Velho Continente colonizarem, justificarem e espoliarem territórios da África e Ásia. O ideário americano de expansão territorial visava incorporar e colonizar novos territórios para os Estados Unidos, sendo essas regiões localizadas, principalmente, a oeste e ao sul da América. Pode-se dizer, também, que, nesse momento, o *mito fundador* reaparece com uma nova roupagem.

40 VLADIMIR MIGUEL RODRIGUES

Expressava a ambição de uma nação jovem, que se considerava superior e que queria expandir ao mundo seus ideais "democráticos" de civilização avançada (ibidem, p.208). Foi uma espécie de nacionalismo romântico. Esses americanos consideravam-se a Israel do novo tempo, imbuídos de uma força da Providência Cristã para que pudessem realizar sua "nobre" tarefa, a de criar um grande "império para a liberdade", liberdade que, na prática, era somente para os senhores brancos escravocratas que, ao mesmo tempo que conquistavam novos territórios à custa da destruição de populações indígenas do Oeste do país, faziam do Destino Manifesto um elemento de defesa e expansão da escravidão aos novos territórios conquistados, mostrando, mais uma vez, a incoerência do *mito fundador* entre a visão mitológica e a real da sociedade norte-americana.

Os colonos acreditavam que o negro estava à margem da religião cristã e o seu destino era servir o homem branco, sendo essencial para a liberdade e o enriquecimento dos grandes fazendeiros. O Destino Manifesto foi uma das mais eficientes formas de expansionismo territorial, dominação e justificação da escravidão já vistas na América, contribuindo diretamente para a destruição de diversas populações indígenas e a anexação (Schilling, 1984) de quase metade dos territórios mexicanos. Dentre os presidentes dos Estados Unidos da década de 1840, possivelmente aquele que mais patrocinou a ideia foi o já citado James K. Polk (1845-1849), responsável pela guerra contra o México.

Após a vitória contra os mexicanos e a anexação de quase metade do território daquele país, o próximo evento de grande magnitude nos Estados Unidos foi a Guerra de Secessão. Aliás, a questão abolicionista foi fundamental para que ocorresse a Guerra Civil. Em 1850, quando a população do país era de mais de 35 milhões de habitantes, o número total de escravos era de 3,2 milhões de pessoas (Commager; Nevins, 1966, p.227).

Ficou evidente que, com o passar dos anos, Norte e Sul não entrariam em acordo quanto aos principais debates da sociedade, destacando: a marcha para o oeste, a política alfandegária e, principalmente, o caráter da mão de obra escravista. Não que o Norte

O X DE MALCOLM E A QUESTÃO RACIAL NORTE-AMERICANA **41**

e Lincoln, que fora eleito em 1860, tivessem um lado mais humanitário que o Sul, a ponto de proclamarem a emancipação do negro baseando-se na igualdade de direitos. O presidente Abraham Lincoln (1861-1865) foi objeto de centenas de análises após a sua morte. Existe até hoje no país um sentimento de reverência ao 16º presidente. Quando falamos da Guerra Civil e do líder que a conduziu dando a vitória à União, de alguma maneira, os norte-americanos sentem-se muito próximos do verdadeiro cerne da identidade nacional. De acordo com Wilfred McClay (2009, p.6),

> [...] essa imagem de semideus se enquadra mal ao Lincoln mais humano que pensamos conhecer – desajeitado, melancólico, piadista, manipulador, infeliz no casamento, vulgar, ferozmente ambicioso e superlativamente eloquente – o mais incomum dos homens comuns.

Ao longo dos tempos, a literatura sobre Lincoln variou bastante, e vale aqui dissertar um pouco mais sobre as suas atitudes como político, pois alguns de seus atos foram decisivos para a vida dos escravos e, obviamente, para o futuro da nação.

O líder da União, republicano,[2] foi visto de inúmeras maneiras – bem-sucedido advogado empresarial, um homem desajeitado, um simplório, adepto do humor sujo, "caipirão" político, de humor exagerado, líder sábio e prudente que dirigiu a nação, até que, na década de 1960, Lincoln foi insultado como racista. Em um de seus discursos antes de assumir a Presidência dos Estados Unidos, ele declara, em 18 de setembro de 1858, o seu pensamento em relação a brancos e negros:

> Um velho cavalheiro interrogou-me para saber se eu era realmente a favor de estabelecer uma igualdade perfeita entre negros

---

2 A concepção polarizada de democratas e republicanos que temos hoje em dia é completamente diferente da ideologia política desses mesmos partidos no século XIX, ou seja, republicanos no contexto da Secessão eram mais liberais e democratas mais conservadores.

42   VLADIMIR MIGUEL RODRIGUES

e brancos. Como propusera a mim mesmo nesta ocasião não falar sobre esse assunto, uma vez que a pergunta me tinha sido feita, pensei que eu pudesse usar talvez cinco minutos para dizer algo a esse respeito. Digo, então, que não sou, nem nunca fui favorável à igualdade social e política das raças branca e negra; que não sou, nem nunca fui, favorável a fazer dos negros jurados ou eleitores, nem de qualificá-los para assumir cargos públicos, nem de permitir que se casem com brancos; e digo, além do mais, que há uma diferença física entre as raças branca e negra, que acredito que impedirá para sempre as duas raças de viverem juntas em termos de igualdade social e política. E visto que não podem viver dessa maneira, enquanto elas permanecerem juntas, a posição de superior e inferior deve existir, e eu, assim como qualquer outro homem, sou a favor da atribuição da posição superior à raça branca (apud Stern, 1942, p.492-3)

A política da União e do próprio Lincoln para com os negros e a escravidão era mais do que complexa, baseada no que muitos chamaram de "meias-medidas". Uns queriam ver o negro livre para que ele pudesse complementar o mercado consumidor do país e se tornar mão de obra assalariada e barata, que também poderia ser entendida no linguajar comum como "pau para toda obra". Outros, como o próprio Lincoln, queriam uma emancipação gradativa, talvez concedendo uma indenização aos proprietários de escravos e depois retirando os negros dos Estados Unidos e mandando-os para Antilhas, Panamá, Haiti, Libéria. A estratégia preferida de Lincoln, inicialmente, teria envolvido conter a difusão da escravatura pelo Oeste e Sul e depois eliminá-la gradualmente, em vez de aboli-la em um grande e abrangente gesto. O envio de negros de volta à África também estava em pauta.

O fato é que, retirando ou não os negros dos Estados Unidos, o fim da escravidão entrou em vigor no dia 1º de janeiro de 1863, em caráter de "necessidade militar". Na posição de um estadista, é preciso encarar Lincoln sob as condições nebulosas e indeterminadas que enfrentava enquanto os acontecimentos se desenrolavam. "Não alego ter controlado os acontecimentos", Lincoln declarou certa vez durante sua Presidência, em carta a A. G. Hodges, datada de 4 de abril de 1864: "Confesso abertamente que os acontecimentos me controlaram" (apud Stern, 1942, p.809).

Lincoln foi um político nato, "o Bismarck americano". Como disse Wilfred McClay (2009, p.6):

> Compreendia bem algo que nem os confederados, nem os abolicionistas podiam admitir: que o futuro da liberdade constitucional – e a possibilidade até mesmo das mais dignas reformas sociais – dependiam fundamentalmente da perpetuação de uma nação forte e coesa.

É por esse motivo que o crítico literário Edmund Wilson (1994, p.xvi) definiu, de maneira brilhante, Abraham Lincoln como o "Bismarck americano", inserindo, dessa forma, a Guerra de Secessão no contexto dos demais movimentos de unificação e construção que surgiram na segunda metade do século XIX, como é o caso da Itália de Garibaldi e da Alemanha liderada pelo próprio Otto von Bismarck. Edmund Wilson (1994) vai além ao destacar o fator melancólico da guerra, vista como último, efetivo e definitivo ponto de coesão nacional da história contemporânea. Para Wilson, a guerra é o extremo que cria a identidade da nação. Embora não desejasse a violência, como ficou evidente ao não apoiar a guerra contra o México em 1848, Lincoln, controlado pelos fatos, teve de lutar a "sangue e ferro" pela causa da unidade, que fez dele o possível criador do nacionalismo americano.

Em relação aos negros durante o conflito com o Sul, temos de ver Lincoln como um pragmático, agindo pelo contexto em que viveu, embora não devamos esquecer as suas concepções racistas. Ele enxergou nos afro-americanos uma grande possibilidade de vencer a guerra e manter a união do país, deixou os "acontecimentos controlarem seus atos": emancipando-os ganharia apoio tanto político como militar. A medida de guerra decretada por Lincoln trouxe uma enorme quantidade de escravos/soldados ao seu Exército, sendo

44 VLADIMIR MIGUEL RODRIGUES

este um dos principais fatores da vitória do Norte, embora políticos e outros generais do alto escalão do governo republicano duvidassem da capacidade de o negro lutar em guerras, além do temor que tinham de eles pegarem em armas e se rebelarem contra o Exército. É importante ressaltar também a importância, é claro, das campanhas militares de sucesso dos generais sanguinários, Grant e Sherman.

A previsão desses oficiais estava errada. Os negros lutaram de maneira eficiente, contribuindo significativamente para a vitória da União, vencendo os confederados. Destacou-se, durante a Guerra Civil, o 54th Massachusetts Volunteer Infantry Regiment (Emilio, 1995, p.4), composto por escravos e negros libertos. O batalhão teve papel importante durante o conflito, lutando pela União e abrindo precedente para a entrada de mais escravos ao lado dos nortistas, fato que foi decisivo para a vitória dos republicanos liderados por Lincoln.[3]

Por mais paradoxal que pareça, os negros norte-americanos lutaram em uma guerra que não foi criada por eles e, diga-se de passagem, lutaram por uma bandeira de um país que lhes negava a cidadania e os direitos naturais supostamente garantidos pela Constituição. Lutavam pelos ideais libertários do *mito fundador*!

Mesmo assim, cerca de 50 mil negros morreram em mais uma grande guerra pela liberdade dentro do "seu país" (Franklin; Moss Jr., 1989). Foi uma vitória de Lincoln, da União, dos abolicionistas e, é claro, dos negros. Nos anos seguintes, estaria lançado um difícil desafio democrático que talvez até o próprio Lincoln já visualizasse em um futuro próximo: efetivar o negro como cidadão dentro da sociedade. Parafraseando o que disse o importante líder afro-americano dos Estados Unidos, Martin Luther King Jr., em seu célebre discurso, conhecido como "Eu tenho um sonho", em agosto de 1963 em Washington: "O cheque sem fundo da liberdade havia sido dado aos negros". Demorou quase um século depois da Secessão para ele ser pago.

---

3 A participação dos escravos na Secessão foi dramatizada no filme *Glory* (*Tempo de glória*, 1989), dirigido por Edward Zwick, encenado por atores negros renomados, como Denzel Washington e Morgan Freeman.

A reconstrução do país e a década de 1960

> *"O homem branco é um jogador profissional,*
> *todas as cartas e probabilidades estão ao seu lado,*
> *sempre tira para o nosso povo as cartas do fundo*
> *do baralho."*
>
> (Malcolm X apud Haley, 1965, p.22)

Após o fim da guerra, a União juntava suas forças para reconstruir o país, destruído pela Secessão. As incertezas rondavam a nação, Lincoln havia sido assassinado logo após a guerra por um extremista do Sul, que julgava o presidente um ditador. O Sul sentia-se humilhado pela derrota e não aceitaria ser dominado pelo Norte, que agora tentaria levar o país inteiro ao caminho da industrialização. Os negros, recém-libertos, tentariam ser reconhecidos pela sociedade.

Todas essas dúvidas, entre tantas outras, ocupariam a mente dos americanos pelas próximas décadas. É possível que, nos anos da reconstrução, mais do que em qualquer outra época, o ódio entre brancos e negros tenha sido gritante. O branco sulista estava envergonhado pela sua submissão aos nortistas e não aceitaria jamais o *status* de cidadão do negro. Nesse contexto, surgiu uma organização secreta que lutava pela superioridade da raça branca. A Ku Klux Klan (KKK)[4] começou a ser idealizada no Natal de 1865, inicialmente como um grupo de veteranos da Secessão que estavam interessados em se autoajudar socialmente por causa do flagelo que assolava o Sul após o fim da guerra. Para ser um membro da KKK, era necessário ser branco, americano e protestante. Em seus líderes, podia-se identificar uma ideologia evangélico-fundamentalista.

Os membros da KKK inspiravam-se na cavalaria medieval, de espírito nobre e patriota, e adotavam um estatuto interno secreto e

---

4 O nome da entidade vem da palavra *Kukloi* que é derivada do grego *Kuklos*, que é raiz da palavra inglesa *circle*. E a palavra *klan* é de origem inglesa, simbolizando os ancestrais de seus membros.

46 VLADIMIR MIGUEL RODRIGUES

místico, sendo essa última característica marcante em suas atitudes e nomeações de seus representantes, como o seu chefe máximo, o Mago Imperial.

Com o passar dos anos, a KKK foi ganhando milhares de novos adeptos e sofreu uma transformação na sua mentalidade, passando a perseguir os negros que, naquela época, começavam a migrar daquela região para o Norte, onde acreditavam que a vida poderia ser mais digna. Membros da KKK infiltraram-se na política, sendo as prefeituras e os parlamentos municipais e estaduais instrumentos da força branca e sulista que brigava para manter "o negro em seu devido lugar", como queriam seus membros. Atuaram forte e decisivamente pela instauração dos chamados "Códigos Negros", responsáveis pelo controle dos ex-escravos do Sul, retirando sua cidadania e direitos civis, fato que negou a 13ª Emenda Constitucional que declarava o fim da escravidão e o direito ao voto, ainda que mediante pagamento de taxas de votação a todos os negros.

Ao contrário do que muitos diziam, não eram somente os negros que eram perseguidos. Nas grandes cidades, membros da KKK atacavam judeus e católicos; na costa oeste, os japoneses e chineses. A KKK chegou ao auge por volta de 1915, entrando em decadência após o *crack* da Bolsa de Nova York em 1929. Durante a Segunda Guerra Mundial, apoiaram o regime nazista de Adolf Hitler e retomaram suas atividades com destaque para as décadas de 1950, entrando novamente no ostracismo após a Lei dos Direitos Civis em 1964.

Vários de seus seguidores eram parlamentares de nome e respeito dentro da República. Dessa forma, barravam leis que beneficiavam os negros e apoiavam emendas a favor do conservadorismo sulista. Eram vistos pelos negros como "verdadeiros fantasmas", causando alvoroço e medo dentro de suas comunidades. Foram responsáveis por inúmeras perseguições, assassinatos e linchamentos de negros durante e após o período da reconstrução. Aliás, o ódio dos negros em relação aos brancos cresceu significativamente em virtude dos linchamentos de afro-americanos praticados livremente pelos brancos. Somente em meados da década de 1960, foi criada a lei que proibia os linchamentos, após gigantescas pressões por parte da comunidade civil organizada, principalmente por meio da liderança de Martin Luther King Jr. Disse o pastor batista em discurso proferido no ano de 1957, em peregrinação a Washington:

> Deixem-nos votar, e não mais imploraremos ao governo federal pela promulgação de uma lei antilinchamento; com a força de nosso voto, inscreveremos essa lei nas leis do Sul e acabaremos com os atos covardes dos encapuzados que disseminam a violência. (apud Cury, 2006, p.96)

O Instituto Tuskegee, órgão da universidade que leva o mesmo nome, do Estado do Alabama, fez um estudo sobre a incidência de linchamentos nos Estados Unidos. De acordo com a instituição, de 1882 a 1959, houve 4.733 mortes por linchamentos no país, e a maioria absoluta era afro-americana. O ano de 1882 apontou um recorde, 231 mortos. De 1882 a 1901, a média de linchamentos foi de 150 ao ano. A partir de 1924, a frequência diminuiu, chegando a uma média de 30 casos anuais até a década de 1960 ("1959 Tuskegee Institute lynch report", 1959).

O Gráfico 1, preparado por B. Crowell (2005),[5] mostra o percentual de linchamentos de 1865, fim da Secessão, a 1965, logo após a lei dos Direitos Civis que garantia o voto aos negros e o fim dos linchamentos. No entanto, não é de maneira nenhuma descartada a possibilidade de terem ocorrido casos de linchamentos após essa data. Após a criminalização do linchamento, a maior incidência de violência contra o negro deixou de ser a morte brutal por espancamento para se tornar uma violência policial dentro dos chamados "guetos", bairros redutos de negros, como é o caso do Bronx e do Harlem em meados da década de 1960. Até hoje, resquícios dessa mentalidade racista ainda estão presentes na sociedade, quando

---

5 Disponível em: <http://en.m.wikipedia.org/wiki/File:Linchamientos. pngfilehistory>. Acesso em: 25 maio 2009.

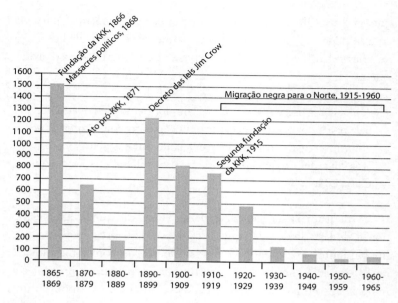

Gráfico 1 – Percentual de linchamentos de 1865 a 1965.

constatamos a persistente violência policial contra os afro-americanos ("1959 Tuskegee Institute lynch report", 1959).

Outros episódios também marcam a desigualdade racial nos Estados Unidos: na primeira eleição de George Walker Bush, em 2000, quando milhares de votos de comunidades negras da Flórida foram simplesmente invalidados, e em 2005, quando o furacão Katrina devastou o Sul do país, principalmente Nova Orleans, cidade considerada centro cultural dos Estados Unidos e grande centro da cultura negra. A catástrofe expôs a realidade racial ainda contrastante nos Estados Unidos, pois a população da cidade é composta por maioria negra.

Nos dias atuais, a situação dos afro-americanos da Louisiana ainda necessita da recuperação de seu patrimônio histórico e de suas necessidades básicas de estrutura. Negros do Sul criticaram a administração Bush pelo fato de o presidente não ter recuperado os locais afetados e ter gasto cifras muito maiores com a guerra contra o Iraque

O X DE MALCOLM E A QUESTÃO RACIAL NORTE-AMERICANA   **49**

do que com a reconstrução de Nova Orleans depois da passagem do furacão Katrina (Cavallari, 2009).

Alguns presidentes dessas épocas, como Theodore Roosevelt (1901-1909), tentaram agir contra os linchamentos. O vigésimo presidente do país escreveu uma carta ao governador de Indiana, Winfield T. Durbin, destacando sua atuação contra os linchamentos que cresciam no Estado. Ambos tentaram impor punições aos assassinos, proibindo os linchamentos. Seus atos foram em vão. A pressão dos sulistas barrava os projetos no parlamento federal, deixando a população negra desamparada.

O papel desempenhado pelos linchamentos no imaginário social do negro americano é fundamental para entendermos algumas posições radicais tomadas por líderes afro-americanos ao longo do século XX, incluindo entre eles o próprio Malcolm X. Os casos de linchamentos eram passados de geração em geração, de pai para filho, de neto para avô, de pastor para fiel. Esse "griotismo", a difusão de conhecimento que é transmitido ao longo dos tempos, originário da África negra e tribal, auxiliou a consolidação e a separação de duas Américas, a branca e a negra, servindo principalmente de elemento segregacionista entre ambos os grupos, e também agiu como elemento catalisador do ódio racial nos dois lados.

A família de Malcolm X conheceu profundamente o ódio racial dos brancos, pois os Little (sobrenome de Malcolm) foram perseguidos incansavelmente pelos cavaleiros da KKK, sendo o pai de Malcolm assassinado brutalmente por um dos integrantes da organização. Possivelmente, esse episódio da vida de Malcolm tenha sido um dos grandes responsáveis pela formação de sua personalidade extremista. Depois do fim da Segunda Guerra Mundial, a KKK adotou uma linha ainda mais radical, próxima ao nazismo; porém, sua força política e social não era mais a mesma.

Entretanto, o relinchar de seus cavalos e seus assustadores trajes brancos ainda hoje ecoam e são vistos em determinados lugares dos Estados Unidos, principalmente no Sul. O grupo possui até um sítio virtual (www.kkk.com) em que apresentam suas doutrinas e vendem *souvenirs* para os interessados.

Os negros, além de conviverem com a perseguição da KKK, lutavam pela confirmação da sua liberdade conseguida em 1863. Contavam, para tanto, com a ajuda de instituições que surgiriam durante a Reconstrução, como a Agência dos Libertos (Franklin; Moss Jr., 1989), que atuava principalmente na área da educação, levando o ensino aos negros. Além disso, surgiram igrejas de várias vertentes, principalmente as batistas. Também é importante lembrar o papel do islamismo na conscientização da população negra, perspectiva que será mais bem enfocada no capítulo seguinte.

Muitas foram as conquistas no período imediatamente após a Secessão. Alguns negros bem remunerados podiam votar e tornar-se delegados eleitorais, uma minoria inicialmente. Ocuparam, também, importantes cargos políticos, inclusive no Congresso Nacional. Porém, com o final do processo de Reconstrução, ou seja, na saída dos interventores nortistas dos Estados do Sul (1875), o movimento contra os direitos civis dos negros cresceu vertiginosamente. A corrupção dentro da política nacional dos republicanos favoreceu o ressurgimento do Partido Democrata que era apoiado pelos sulistas, retomando o poder nesses seus domínios, fato que dificultou a inclusão social dos negros, alcançada somente em meados da década de 1960.

Dessa maneira, houve um regresso na cidadania dos afro--americanos, que, entre outras coisas, tiveram o seu direito ao voto restrito quando houve uma revisão constitucional em vários Estados do Sul, por volta de 1890. Somente negros que pagassem o imposto de dois dólares poderiam votar (ibidem). A princípio, essa quantia parece ser irrisória. Porém, a remuneração naquela época era ínfima, principalmente a dos negros. E os gastos com esse tipo de imposto específico não eram possíveis para essa população. Também é interessante destacar que era significativa a quantidade de pessoas brancas que também não tinham renda para pagar esse imposto. Dessa forma, também podemos afirmar que o voto naquela época estava em um estágio praticamente censitário. Não podemos afirmar que o sufrágio nos Estados Unidos, ao passar do século XIX para o XX, era universal, pois um enorme contingente de pessoas, em sua maioria de

O X DE MALCOLM E A QUESTÃO RACIAL NORTE-AMERICANA   **51**

pele negra, não tinha acesso a ele, sem contar as próprias mulheres, fossem brancas ou negras, que também não poderiam votar.

A partir desse período, várias outras leis consagradas como "Jim Crow",[6] de caráter segregacionista, espalharam-se pela sociedade sulista, afirmando a superioridade branca. Essas leis separavam institucionalmente brancos e negros. Nas escolas para brancos, não entravam negros. Lanchonetes, bares, restaurantes, cinemas e tantos outros estabelecimentos. Os negros, *colored people* como eram chamados, não podiam viver ao lado dos brancos. Toda essa segregação levou a um isolamento da população negra.

A ajuda material aos negros veio do lado nortista. O espírito de iniciativa da população da Nova Inglaterra baseava-se em ajudar, como fez a Agência dos Libertos, na educação, elevando o grau de estudo e competitividade dos negros para que, mais tarde, eles pudessem compor a mão de obra no Norte. Jornais negros surgiram. Esses fatos também viriam a contribuir mais tarde, no século XX, para as diversas manifestações culturais dos negros.

Na virada do século, surgiu um novo mentor para a população negra. O educador Booker T. Washington fazia o papel de conciliador entre Norte e Sul. Até 1915 foi a figura central dos negros. Seu ensino vocacional inspirou e influenciou diversas pessoas. Embora muitos o reconhecessem de maneira positiva, sua imagem também é marcada por uma falta de engajamento mais efetivo na luta pelos direitos civis. Mais tarde, durante a Revolução Negra da década de 1960, foi criticado por isso.

Com a chegada do século XX, uma forte migração ocorreu quando milhares de negros saíram do Sul e foram em direção ao Norte e Oeste. Ainda nessa conjuntura, os negros estavam principalmente na zona rural, enfrentando sérias dificuldades de se inserirem no ramo industrial. Os trabalhadores negros ganhavam um salário médio de 11 dólares no Sul e 26 dólares no Norte (ibidem).

---

6 Leis estaduais e locais de caráter segregacionista que duraram de 1876 a 1965. O nome provém do artista branco Thomas D. Rice que se pintava e fantasiava de negro, satirizando os negros por meio de um personagem chamado *Jump Jim Crow*.

No início do século XX, Theodor Roosevelt governava os Estados Unidos e impunha à América Latina a política do *big stick*. Entre suas ações, destacou-se o imperialismo político e econômico na região do Caribe, conhecida como *mare nostrum* para os americanos (Commager; Nevins, 1966, p.404). Para que sua política de submissão desses povos triunfasse, era necessário um forte Exército. A Marinha dos Estados Unidos desenvolveu-se de modo expressivo na época, tendo destaque a corporação dos *marines*. E nela foi importante a presença dos negros. O império norte-americano começava a surgir. E, paradoxalmente, o negro por meio do Exército contribuía para que outros povos fossem dominados, como em Cuba, Santo Domingo e Haiti, locais em que a população afro-americana chega a ser ampla maioria.

No plano interno, Roosevelt transitava entre a simpatia e o desgosto dos negros. Em seu governo, como já vimos, ocorreu um número absurdo de linchamentos de negros, e os responsáveis dificilmente eram punidos. Nesse contexto, surgiu outra liderança negra que tentava novas soluções para antigos problemas. William Edward Burghardt (W. E. B.) Du Bois e a Associação Nacional para o Avanço das Pessoas de Cor (National Association for the Advancement of Colored People – Naacp) trabalharam para o cumprimento das 13ª e 14ª emendas que garantiam os direitos civis aos negros.

Na época da Primeira Guerra Mundial e da administração de Woodrow Wilson (1913-1921), o alistamento do negro no Exército aumentou de forma significativa. Entretanto, o bom tratamento que os europeus davam aos negros e as contribuições destes para a vitória da Tríplice Entente na guerra não foram suficientes para diminuir o preconceito que havia dentro do Exército.

Após o fim da guerra, os negros voltaram clamando mais do que nunca pela verdadeira liberdade. Por serem parte integrante e ativa dentro da Primeira Guerra Mundial, afinaram seu discurso pela confirmação de sua liberdade ao retornarem da Europa. O editor de uma revista para a comunidade negra, a *Crisis*, a respeito dos negros que retornavam, afirmou:

O X DE MALCOLM E A QUESTÃO RACIAL NORTE-AMERICANA   53

Voltamos da escravidão do uniforme que a loucura do mundo exigiu que vestíssemos para a liberdade dos trajes civis. Aqui estamos novamente para olhar a América diretamente no rosto e falar sem rodeios. Cantamos: este nosso país, apesar de tudo que suas almas melhores têm feito e sonhado, ainda é uma terra vergonhosa.

Lincha... Priva dos direitos civis seus próprios cidadãos... Encoraja a ignorância... Rouba de nós...Insulta-nos...

Voltamos. Voltamos da luta. Voltamos lutando.

Abram caminho para a Democracia! Nós a salvamos na França e, pelo Grande Jeová, a salvaremos nos Estados Unidos da América. (apud Franklin; Moss Jr., 1966, p.57)

Os negros queriam o fortalecimento da democracia dentro dos Estados Unidos. Na década de 1920, na qual o número de linchamentos de negros era absurdo e a KKK ressurgia das cinzas, a reação negra à opressão era mais do que inevitável. Para tanto, a Naacp tomou a liderança da organização do movimento negro e apoiou um projeto contra o linchamento, que mais tarde viria a ser barrado na Câmara Alta dos Estados Unidos.

A consciência dos negros da situação em que viviam propiciou o surgimento de um forte movimento cultural, a chamada Renascença do Harlem. O nome deriva do bairro de Nova York, o Harlem, maior concentração de população negra em um centro urbano na época. Com esse movimento, expandiu-se significativamente a produção cultural. Os negros estavam no teatro, na música, na literatura e em todos os ramos da arte. Nova York tornou-se o centro cultural para a população negra, e sua cultura mais tarde se espalharia por todo o país, principalmente por meio do *jazz*.

Durante a década de 1930, no período do *New Deal*, milhares de negros passaram a ser empregados em centros industriais. E na administração de Franklin Delano Roosevelt (1933-1945), tornaram-se importantes na política central do país. Roosevelt tinha bom trânsito dentro daquelas comunidades e nomeou vários de seus membros para cargos importantes, formando inclusive um "gabinete negro". A agenda positiva do presidente contou com um

54　VLADIMIR MIGUEL RODRIGUES

projeto habitacional e a promoção de empregos para essa população. O próprio Roosevelt achava imprescindível a participação dos negros na Segunda Guerra Mundial. Houve, aliás, um aumento do número de negros nas Forças Armadas.

No período do pós-guerra, os negros voltaram seus olhares, mais uma vez, para o fortalecimento da democracia dentro do país. Afinal, eles haviam lutado na Europa em nome da democracia e nada mais justo que, agora vitoriosos, viessem a gozar dos benefícios desse sistema historicamente propagado, mas longe de ser totalmente consolidado de forma total nos Estados Unidos. A Organização das Nações Unidas, recém-criada, decepcionou a população negra, afirmando que não tratava de "assuntos domésticos". Diversas manifestações pela igualdade surgiram na década de 1950, momento em que Malcolm X iniciava sua carreira política. Antes mesmo da metade do século XX, por exemplo, o incentivo à educação promovido pelas instituições que os ajudavam começou a render frutos. O aumento do número de negros na escola foi considerável, reduzindo o analfabetismo (Franklin; Moss Jr., 1989).

Os reflexos do incentivo à cultura chegaram com mais força na música. A aceitação dos negros no meio artístico foi significativa. No *blues* e principalmente no *jazz*, os negros encantavam e faziam os brancos dançar. Billie Holliday e outros tiveram uma ascensão meteórica em suas carreiras. Cabe lembrar que muitos sucessos musicais começaram nas igrejas.

E era dentro das próprias igrejas que os negros procuravam seu refúgio. Desde a época da colonização, a expansão de instituições eclesiásticas foi assustadora. Os batistas têm milhões de fiéis nos Estados Unidos ainda hoje, sendo essa vertente do cristianismo que lançou para o mundo e para a população negra um dos seus maiores líderes: o reverendo Martin Luther King Jr.

Outra religião, o islamismo, também marcou presença dentro da fé negra. A Nação do Islã, que será mais bem analisada posteriormente, berço de Malcolm X e com atuação política até hoje nos Estados Unidos, surgiu após a Segunda Guerra Mundial e pregava uma separação da comunidade branca. O orgulho negro mostrava

O X DE MALCOLM E A QUESTÃO RACIAL NORTE-AMERICANA **55**

sua força. Embora, no início, apontasse para o radicalismo como meio para conseguir a liberdade do negro e fosse vista de modo mais do que negativo por grande parte da sociedade branca, a organização conseguiu milhares de adeptos em todo o país. Michael Eric Dyson (1995, p.37) escreve sobre a importância da religião na formação da moral dos intelectuais negros e como instrumento do movimento negro nos Estados Unidos:

> A centralidade do cristianismo na cultura afro-americana significa que o caráter moral do protesto público dos negros contra o racismo oscilou entre modelos reformistas e revolucionários de transformação racial. De Booker T. Washington a Joseph H. Jackson, as abordagens reformistas, negras e cristãs para a transformação social incluíram noções liberais da importância da estabilidade social e da legitimidade do Estado.

Uma importante manifestação de resistência foi o boicote aos ônibus em Montgomery, no Alabama, promovido por Martin L. King, após Rosa Parks se negar a ceder seu lugar em um ônibus a uma mulher branca. A resistência no Sul foi ainda maior. A preocupação mundial com a discriminação nos Estados Unidos cresceu em grandes proporções. King e sua doutrina de não agressão inspirada em Gandhi influenciavam milhões no Sul, conseguindo apoio até de brancos. A ascensão de John F. Kennedy (1961-1963) à Presidência levou os negros para o centro das atenções políticas no país. Foi no governo de Kennedy que ocorreu a Marcha sobre Washington, liderada por King, que levou centenas de milhares de pessoas, inclusive brancos, à capital dos Estados Unidos para gritar em nome da liberdade do negro. Dyson (1995, p.42-3) afirma sobre a importância de King e Malcolm X para a conquista dos direitos civis para a população afro-americana:

> Pelo fato de King e Malcolm também representarem tendências principais no combate ideológico e histórico dos negros contra o racismo dos brancos, a vida e o pensamento deles servem como

exemplos úteis de estratégias sociais, de rebelião civil, de recursos religiosos e de manobras mentais adotadas por diversos movimentos negros de libertação na sociedade americana.

Mesmo após a morte de Kennedy, em 1963, o seu sucessor, Lyndon Johnson, aprovou um ano depois a Lei dos Direitos Civis, acabando com o imposto que os negros tinham que pagar para votar e, enfim, consagrando os direitos civis. A Revolução Negra teve seu auge nessa época tão conturbada, e a contribuição de Malcolm X foi fundamental para o sucesso da Lei dos Direitos Civis.

Este primeiro momento do texto serviu para mostrar o surgimento e a fundação da nação norte-americana e das incoerências do mito fundador daquele país em relação à vida dos afro-americanos.

2
Malcolm X: da alienação à consciência moderada

> *"O homem preto nos guetos precisa começar a corrigir por sua própria iniciativa os seus próprios defeitos e males materiais, morais e espirituais. Precisa começar o seu próprio programa para livrar-se do alcoolismo, do vício em tóxicos, da prostituição. O homem preto na América precisa elevar o seu próprio senso de valores."*
>
> (Malcolm X apud Haley, 1965, p.287)

A vida de Malcolm X pode ser dividida em três períodos distintos e cronológicos: a fase inicial e marginal de sua vida, que podemos caracterizar como o de "alienação", o início e auge de sua pregação religiosa e política, a "radicalização religiosa", e os dois últimos anos de sua vida, 1964 e 1965, que podem ser considerados como "consciência moderada" após a volta da peregrinação a Meca.

Todos nós, algum dia em nossa vida, ouvimos alguém, geralmente pessoas mais velhas, contar algum "causo", alguma história, algum provérbio, dito "popular" de conhecimento geral. Esse tipo de pessoa adquiriu diversos nomes ao longo da história, sendo chamado muitas vezes, na perspectiva da cultura ocidental, de "contador" ou "prosador", entre tantos outros nomes. O filósofo Walter

Benjamin (1986), ao analisar a obra de Nikolai Leskov, chamou essa figura aqui analisada simplesmente de contador de histórias (*the storyteller*). Benjamin (1986, p.2) cita a seguinte história como exemplo do que é passado pelo narrador:

> Em nossos livros de leitura havia a parábola de um velho que no momento da morte revela a seus filhos a existência de um tesouro enterrado em seus vinhedos. Os filhos cavam, mas não descobrem qualquer vestígio do tesouro. Com a chegada do outono, as vinhas produzem mais que qualquer outra na região. Só então compreenderam que o pai lhes havia transmitido uma certa experiência: a felicidade não está no ouro, mas no trabalho.

Essa figura costumava habitar, principalmente, o ambiente rural, o da fazenda, ou o de pequenas cidades, e seus ditos serviam como lições de moral, pois estavam repletos de experiências. Como afirma Benjamin (1986, p.114): "tais experiências nos foram transmitidas, de modo benevolente ou ameaçador, à medida que crescíamos: 'Ele é muito jovem, em breve poderá compreender'". E completa: "A arte de narrar tem como objetivo conservar o que foi narrado, sagrar a experiência. A memória é a mais épica das faculdades" (ibidem).

A construção de uma determinada personalidade, ou uma cultura de uma comunidade, é feita por meio da experiência transmitida e conservada ao longo de gerações, que perpetuaram a sabedoria de antepassados. Afirma Benjamin (1986, p.221): "O narrador, sábio, sabe dar muitos conselhos, pois pode recorrer ao acervo de toda uma vida (que também inclui a experiência alheia e não só a sua). Seu dom é poder contar sua vida; sua dignidade é contá-la inteira". Foi tarefa do jornalista Alex Haley (1965) contar a vida de Malcolm no livro *Autobiografia de Malcolm X*. No entanto, a escrita dessa biografia teve contornos singulares, diferentemente das biografias elaboradas após a morte dos biografados. A particularidade desse texto biográfico encontra-se no fato de que Malcolm pôde interferir na escrita do texto, afinal ele assumiu o papel de narrador da sua vida, contando os fatos por meio de sua perspectiva e podendo, ao

O X DE MALCOLM E A QUESTÃO RACIAL NORTE-AMERICANA 59

final do trabalho, revisar e até interferir em algumas passagens do texto de Haley, como o próprio autor contou no "Epílogo" do livro. No ano de 1959, quando Malcolm X começava a se tornar uma figura nacional, Haley entrou em contato com o líder negro e pediu, inicialmente, uma entrevista a ele, que mais tarde se tornaria um artigo sobre os muçulmanos negros. Com o repentino sucesso, Haley resolveu lançar um desafio a Malcolm, escrever um livro sobre sua vida. Depois de consultar o "venerável" Elijah Muhammad, Malcolm resolveu aceitar. Por quase seis anos, Malcolm e Haley tiveram um contato próximo.

Durante esse tempo, Malcolm narrou a Haley toda a sua vida, dos detalhes mais íntimos aos discursos mais radicais contra o homem branco. Toda semana se encontravam por cerca de duas a três horas, e Malcolm contava sua vida para Haley, não necessariamente em ordem cronológica. Contava fatos esparsos, às vezes desconexos. Coube a Haley investigar os detalhes e elaborar a cronologia temporal da vida de Malcolm quando passou do código oral para o código escrito, criando uma biografia em que o tempo respeitou as fases da vida do líder negro, do nascimento à morte, talvez para facilitar a leitura do público. Afirma Sergio Vilas Boas (2008, p.212) sobre a questão da temporalidade nas biografias:

> A maioria das biografias à venda neste 2006 são prisioneiras do calendário gregoriano, aquele com dias de 24 horas cada e anos de 365 dias cada (ou 366, os anos bissextos, que ocorrem de quatro em quatro anos). É o que está nessa "folhinha" sempre ao alcance de nossos olhos. Biógrafos de qualquer formação profissional narram episódios biográficos numa progressão que vai sempre, e no mínimo, do nascimento à morte, com base nessa tal "folhinha" arbitrada.

Percebe-se que, na questão da temporalidade biográfica, é comum respeitar os eventos do nascimento até a morte, embora formas diferentes de narrativa possam existir não respeitando a cronologia "vida e morte", como é o caso da biografia de Nelson

60 VLADIMIR MIGUEL RODRIGUES

Rodrigues, chamada de *O anjo pornográfico*, de Ruy Castro (1992). Sobre a questão do tempo na biografia, comenta Elias (apud Vilas Boas, 2008, p.227):

> Os conceitos de "passado", "presente" e "futuro", ao contrário, expressam a relação que se estabelece entre uma série de mudanças e a experiência que uma pessoa (ou um grupo) tem dela... Poderíamos dizer que "passado", "presente" e "futuro" constituem, embora se trate de três palavras diferentes, um único e mesmo conceito.

É importante observar que o passado na biografia não corresponde à História, como salienta Vilas Boas (2008, p.230): "o passado não é a História, mas seu objeto, também a memória não é a História, e sim um de seus objetos – ou o 'nível elementar da elaboração histórica', no dizer de Le Goff".

Ecléa Bosi (apud Vilas Boas, 2008, p.230) afirma que "lembrar é uma questão de sobrevivência". Sendo assim, se Haley ativou a "faculdade do lembrar", no caso, a vida de Malcolm, ele simplesmente fez de sua memória uma imagem de um personagem a partir do texto biográfico.

Benjamin (apud Vilas Boas, 2008, p.229) continua sobre o tema:

> E dela... emergem as legítimas vivências épicas do tempo: a esperança e a recordação... Só no romance ocorre uma recordação criadora que acerta e metamorfoseia o objeto... A dualidade de mundo interno e externo pode ser superada pelo sujeito "só" se ele vislumbra a unidade de sua vida inteira... no fluxo da vida passada e concentrada na lembrança... A percepção que apreende esta unidade torna-se a apreensão intuitivo-divinatória do sentido inalcançado e por isso indizível da vida.

Guardadas as devidas diferenças e proporções, de certa forma, a arte de narrar de Malcolm é semelhante ao narrador projetado por Benjamin. Em outro ponto, elas assemelham-se quanto à questão da experiência.

O X DE MALCOLM E A QUESTÃO RACIAL NORTE-AMERICANA   61

Todos esses narradores refletem a imagem de uma experiência coletiva. Górki (apud Benjamin, 1986, p.214) afirma sobre a ligação do narrador com o povo: "O grande narrador tem sempre suas raízes no povo, principalmente nas camadas artesanais". Por meio dessa perspectiva, fica evidente que o narrador a que se refere Benjamin é uma figura articulada em um meio rural, pré-capitalista, que exerceu suas atividades dentro de pequenos vilarejos ou então em pequenos núcleos urbanos e/ou empregatícios, como foi o caso das corporações de ofício do final da Idade Média, nas quais a aproximação entre mestres e aprendizes era tamanha que os primeiros ensinavam o ofício e transmitiam a experiência laboral aos últimos. No caso de Malcolm, entretanto, ele de fato foi um líder da massa negra urbana e possuía um contato muito próximo com os populares.

Porém, o mesmo Benjamin (1986) que elege esse narrador como o grande responsável pela disseminação e pela consagração da experiência também disse que tal personagem está desaparecido da sociedade ocidental. Segundo Benjamin (1986, p.197): "por mais familiar que seja seu nome, o narrador não está de fato presente em nós, em sua atualidade viva. Ele é algo distante, e que se distancia ainda mais [...]. A arte de narrar está definhando porque a sabedoria – o lado épico da verdade – está em extinção".

Teria Benjamin persistido nessa ideia se tivesse entrado em contato com a oralidade afro-americana e estado a par da realidade negra dos Estados Unidos da década de 1960?

Em um contexto histórico, o narrador triunfou na sociedade ocidental até meados do século XVIII. Benjamin (1986, p.115) aponta várias razões para o desaparecimento do narrador em terras europeias. Para ele, o início da desvalorização do narrador está na "evolução secular" das forças produtivas: "A Revolução Industrial é uma das causadoras da decadência na experiência, afinal qual é a experiência transmitida dentro do ambiente fabril?" (ibidem).

O pensamento benjaminiano parte da perspectiva de que a Revolução Industrial, que se iniciou na Inglaterra na segunda metade do século XVIII, desestabilizou completamente as relações sociais. A Revolução Industrial influenciou o ambiente familiar e o círculo de amigos, pois as altas jornadas de trabalho – de catorze a dezesseis horas diárias – solaparam as relações entre pais e filhos e, inevitavelmente, as amizades, afinal, até o século XIX as fábricas abrigavam famílias inteiras no processo produtivo, não excluindo sequer as crianças (Arruda, 1974b, p.111). O árduo trabalho dentro das fábricas consumiu todas as forças dos indivíduos. E, por causa da lógica capitalista de produção excedente, o ambiente fabril não podia, em hipótese alguma, permitir a comunicação entre os trabalhadores, pois "tempo é dinheiro" e qualquer distração compromete o processo produtivo. Esse fato é ilustrado no filme *Tempos modernos*, de Charles Chaplin, pois também mostra que o trabalho repetitivo, seriado, consequência da Era Industrial, tornou o trabalhador alienado, especializado em uma determinada função produtiva, como apertar porcas.

Todos esses fatos nos levam a refletir sobre o pensamento benjaminiano em relação à experiência durante a Revolução Industrial. Na verdade, não houve qualquer experiência comunicativa. As características industriais simplesmente destruíram a figura do narrador, pois dilaceraram as relações sociais. O tempo industrial consumiu o tempo do entretenimento, da conversa informal, da troca de experiências. Explica Benjamin (1986, p.198): "Contar histórias sempre foi a arte de contá-las de novo, e ela se perde quando as histórias não são mais conservadas. Ela se perde porque ninguém mais fia ou tece enquanto ouve a história". Isso ocorre justamente pelo processo industrial que provocou uma alienação e também um esgotamento físico dos seres humanos.

Benjamim (1986) focou seus estudos sobre a questão da experiência na sociedade europeia ocidental, não analisando muito além desse alcance. A realidade de Malcolm e de seus "irmãos" é simplesmente outra, completamente diferente. Se Benjamin indagou sobre qual seria a experiência do homem industrial, podemos indagar: que experiência o negro americano adquiriu durante a escravidão e nos anos seguintes, marcados pela segregação?

Em seu texto "Experiência e pobreza", Benjamin (1986) fala do "cansaço do Homem" como um causador dessa ausência de experiência. Seria esse cansaço proveniente do ambiente industrial?

O X DE MALCOLM E A QUESTÃO RACIAL NORTE-AMERICANA   63

Além das altas jornadas de trabalho, as indústrias do final do século XVIII e do século XIX geralmente possuíam um ambiente insalubre de alta periculosidade, que, inevitavelmente, proporcionava vários acidentes de trabalho. Por fim, Benjamin (1986) coloca como última causa da decadência da experiência a Primeira Guerra Mundial.

Essa guerra também contribui para o empobrecimento do homem. Que experiência comunicável poderia ser transmitida dentro de um ambiente como esse? A fome, a sede, os ratos, o medo da morte consumiram todas as energias e os esforços mentais e comunicativos dos combatentes.

Como vimos no Capítulo 1, a realidade dos negros nas *plantations* do Sul era de trabalho árduo, afinal, fora as dezenas de horas trabalhadas, o escravo era uma mercadoria sem direitos e ainda suscetível ao violento açoite de seu senhor.

Walter Benjamin, judeu, calcou sua filosofia em um estudo da sociedade ocidental, cuja filosofia moderna foi, em boa parte, fundamentada na moral judaico-cristã. A chamada mística de Benjamin tem aspirações na religião de Moisés. Isso quer dizer que Benjamin concebeu a análise sobre a figura do narrador somente na perspectiva da História ocidental europeia. Não levou em conta, por exemplo, outras possibilidades do desenvolvimento do narrador, como nas civilizações africanas.

Se Benjamin tivesse voltado seus estudos para a cultura africana, teria percebido a existência de um importante agente cultural, o *griot*, correspondente ao narrador a que ele se refere em seus textos. Possivelmente essa palavra deriva do francês – *guiriot* – que em português seria "servente, criado". O *griot* poderia ser tanto do sexo masculino como do feminino. Em algumas tribos da África Ocidental, *griot* é chamado de *jeli, jalo, guewil, gawlo* e *igiiw*, presentes em países como Mali, Gâmbia, Guiné e Senegal.

Em geral, *griot* pode ser o(a) ancião(a) de uma tribo, de ambiente rural, assim como o narrador que Benjamin analisou. Ele é o transmissor do conhecimento, da sabedoria, interferindo em todos os assuntos tribais. É o grande narrador da tribo, aquele que conta todos os acontecimentos e causas para os integrantes da sociedade, normalmente pertencente a um grupo de costumes orais e não escritos (em alguns locais na África, ainda hoje, a tradição oral costuma ser mais importante que a escrita).

Em algumas tribos, o *griot* também assume características de músico. De acordo com Oliver (1970, p.20) em seu livro *Savannah Syncopators*, o *griot* "sabia várias canções tradicionais de cor, não podendo jamais errar, tendo às vezes que até improvisar nos eventos da tribo". Os velhos *griots* tinham um poder espiritual, conhecendo todos os detalhes da história de sua sociedade. Eram extremamente respeitados por toda a tribo pela sua habilidade com as palavras e a mente. Normalmente, ele(a) era recompensado(a) com algum presente pelo entretenimento concedido ao público. Algumas de suas apresentações eram feitas durante grandes festividades da tribo, como o casamento – quando representavam uma canção.

Se aplicarmos a teoria de Benjamin ao território africano, talvez cheguemos à conclusão de que a existência do *griot*, ainda hoje, naquele território se deve, entre outras coisas, à não industrialização de todo o continente e à preservação, em pleno século XXI, de tribos totalmente desconectadas do capitalismo global.

Essa tradição de oralidade representada pelo *griot* foi trazida para a América por meio da diáspora africana. Por ser um representante da oralidade africana, hoje se fala muito entre os estudiosos do *hip-hop* que os *rappers* herdaram algumas características do velho *griot*, como a musicalidade e a consagração de experiências de vida, tornando-se um "*griot* urbano".

Malcolm X representa várias características dessa oralidade africana e do narrador benjaminiano. Em seus eufóricos discursos, ele atuava como uma espécie de conselheiro da população negra, dizendo-lhe como agir e pensar ante os problemas sociais e políticos de uma sociedade racista. Sua experiência no mundo marginal, por exemplo, serviu para alertar a população negra dos perigos que a rondavam.

É importante ressaltar que, no texto biográfico, ao contar para Haley sua trajetória, Malcolm narrou as suas experiências de vida que, na verdade, são experiências compartilhadas pelo coletivo,

O X DE MALCOLM E A QUESTÃO RACIAL NORTE-AMERICANA **65**

uma vez que a grande parte da sociedade negra das décadas de 1950 e 1960 compartilhava dos mesmos problemas sociorraciais. Analisemos um caso da vida de Malcolm descrito no livro: "Sempre achei que teria uma morte violenta. Na verdade, é o que parece ser o destino de minha família. Meu pai e quase todos os seus irmãos morreram pela violência... meu pai por causa do que acreditava (AMX,[1] p.388).

Será que esse temor/expectativa de Malcolm era único? Desde os primórdios da escravidão, a violência com que os brancos tratavam os escravos tornou-se onipresente no imaginário social dos negros, sendo passado de geração para geração, principalmente pela oralidade africana, da qual o *griot* é o grande representante.

Se pensarmos dessa maneira, também podemos tentar entender a própria formação do caráter e da personalidade radical de Malcolm X. Afinal, se membros familiares próximos, principalmente o pai, morreram de forma violenta, assassinados por brancos, não é por acaso que alguns afro-americanos poderiam identificá-los como verdadeiros "demônios", pois foram essas as experiências guardadas pela memória coletiva de escravos africanos e também de cidadãos sem direitos, não só nos Estados Unidos, mas também em todo o continente americano.

Ao transformar a narração de Malcolm em um texto biográfico, Alex Haley consagrou as suas reminiscências como "memórias afro--americanas". E, indo além, o texto consagra Malcolm como herói, mito negro, americano. É importante lembrar que essa visão de Haley também é compartilhada por outros biógrafos e intelectuais, que também enxergam em Malcolm a figura de um "santo", como afirma Dyson (1995, p.26):

> Malcolm é visto, primariamente por todos seus seguidores nacionalistas, como uma figura religiosa que defende a causa da unidade negra enquanto combate a opressão racista. Evidentemente, o desenvolvimento de histórias que estabelecem heróis negros e

---

1 Adotaremos a sigla AMX para nos referirmos à *Autobiografia de Malcolm X*.

santos serve a uma função cultural e política crucial. Tais histórias podem ser usadas para combater a amnésia histórica e para objetar a deificação de heróis negros – especialmente aqueles julgados capazes de trair os melhores interesses dos afro-americanos – por forças fora das comunidades negras. Além disso, tais histórias revelam que a criação de heróis (negros) não é nem acidental, nem neutra, e servem frequentemente a fins políticos que não são definidos nem controlados pelas comunidades negras. Mesmo os heróis declarados dignos de um amplo apoio dos negros estão frequentemente sujeitos à manipulação e distorção culturais.

Entretanto, para Vilas Boas (2008, p.164), a biografia não representa a santidade de Malcolm ou então a realidade de sua vida:

> Guardadas as proporções, a biografia que se atinge e se publica é algo incidental, como qualquer outra coisa estudada pelas ciências, ou como qualquer matéria jornalística publica em periódico. Não há nenhuma "pessoa realmente real" por trás de um texto biográfico. O biografado existe em um "sistema de discurso".

Dessa forma, existe o verdadeiro Malcolm, que está fora da biografia, que sentiu medo, alegria, tristeza, sofrimento. Todas as biografias têm as suas limitações.

Haley não conseguiu ser imparcial ao escrever o texto biográfico, mesmo que Malcolm tenha pedido – "quero um escritor, não um intérprete" –, até pelo fato de ele assumir o eu-narrativo na obra. Essa afirmativa acalenta o debate sobre a suposta verdade histórica da biografia, como demonstra Vilas Boas (2008, p.155):

> Um véu de verdade absoluta encobre as biografias, a visão dos biógrafos e a percepção dos resenhistas e prefaciadores. O biógrafo pode atingir a verdade sobre o biografado? Pode-se recompor, filosoficamente falando, a totalidade da vida de um indivíduo pela escrita? Não. Entretanto, há certa tradição biográfica estabelecida, um modelo tácito que opera com uma cronologia ordenada, uma

O X DE MALCOLM E A QUESTÃO RACIAL NORTE-AMERICANA   67

personalidade coerente e estável, ações sem inércia e decisões sem dúvidas. Como na escrita da História, que é uma resposta provisória sobre o passado, a escrita biográfica também transporta a carga de seu autor, suas impressões pessoais, sua formação, sua história de vida, seus compromissos com a sociedade que o formou e consigo – o mesmo amplo conjunto de valores, aliás, que constituem o biografado, evidentemente.

Dessa forma, a biografia se torna um processo de tradução da vida do biografado feita pelo biógrafo, ou seja, leva as impressões que o biógrafo tem em relação ao mundo em que vive para a constituição do mundo do biografado. Afirma Vilas Boas (2008, p.169):

> Estamos no mundo. Coisas se desenham, um indivíduo se afirma, cada existência se compreende e compreende as outras. Nossos pensamentos errantes, os acontecimentos de nossa vida e os da história coletiva pelo menos em certos momentos adquirem um sentido e uma direção comuns e se deixam apreender em termos de uma ideia. O biografado e o biógrafo são sujeitos no mundo. O mundo está dentro deles, e vice-versa. Portanto, a biografia (livro) é um corpo no mundo, jamais o mundo.

Percebe-se que Vilas Boas (2008) reafirma a perspectiva de que a biografia é mais um texto dentre tantos outros, podendo ser questionada e refeita sempre por outros biógrafos. Finaliza Vilas Boas (2008, p.155):

> A ideia de verdade, somente a verdade, nada mais que a verdade é uma sombra no trabalho dos biógrafos. No meio jornalístico, então, é unânime que a primeira obrigação do jornalista é com a verdade – com "dizer a verdade". Kovach e Rosentiel afirmam que, no jornalismo, a verdade cria uma sensação de segurança que se origina da percepção dos fatos.

Portanto, a *Autobiografia de Malcolm X* escrita por Haley não é a verdade sobre Malcolm X, irretocável, incontestável. Ela é a verdade que Haley tem sobre o sujeito biografado. Afinal, biógrafo e biografado podem escolher o que escrever e consolidar como "memorável", como é esse caso. O texto do jornalista Haley não pode ser considerado definitivo sobre a vida de Malcolm? De fato, não. Villas Boas (2008, p.163) também afirma que não existe nenhuma biografia definitiva: "Não, claro que não. Biografia definitiva? Duvido. Uma carta nova, uma foto, um recorte, um depoimento desconhecido, e a biografia definitiva já era". Isso quer dizer que a verdade sobre Malcolm não está encerrada. A verdade de Haley é provisória, até que alguém decida reescrevê-la. Dessa forma, percebemos, também, que Haley jamais teria apresentado tudo sobre a vida de Malcolm. Isso simplesmente é impossível, pois o biógrafo pode, direta ou indiretamente, selecionar os fatos da vida do biografado. Não podemos nos esquecer de que a biografia foi publicada na euforia do assassinato de Malcolm, e havia uma grande necessidade de louvar a figura de Malcolm como "grande líder negro".

No entanto, podemos aventar a possibilidade de o processo de "seleção" efetuado por Haley na composição da biografia ter recebido algum tipo de pressão por parte da CIA e do FBI para retirar alguns aspectos da vida de Malcolm.

Dyson (1995, p.58), ao analisar outra biografia de Malcolm X, em seu *Making Malcolm, the myth & meaning of Malcolm X*, questiona, por exemplo, um possível comportamento homossexual na vida de Malcolm, que Haley ignora:

> Um exemplo principal da limitação da abordagem psicobiográfica de Perry é seu tratamento da suposta atividade homossexual de Malcolm, tanto como um adolescente em fase de experimentação quanto como um jovem que busca ganhar a vida como garoto de programa. As observações de Perry são mais impressionantes pelas rigorosas suposições que subjazem suas interpretações do que pelo seu potencial em fazer ruir o símbolo fundamental da masculinidade afro-americana. Se Malcolm teve de fato relações

O X DE MALCOLM E A QUESTÃO RACIAL NORTE-AMERICANA 69

homossexuais, elas puderam servir a Perry como uma poderosa ferramenta de interpretação para expor as entrelaçadas raízes culturais do machismo negro e ajudá-lo a explicar os tipos cruéis de homofobia que afligem as comunidades negras. Uma compreensão complexa da política sexual negra recusa uma psicologia da masculinidade que considera o "macho" como uma identidade homogênea, natural e universalmente compreendida. Uma compreensão complexa da masculinidade afirma que a identidade masculina também é significativamente afetada por diferenças étnicas, raciais, econômicas e sexuais.

Dyson (1995, p.134) critica a biografia de Haley, pois a considera uma espécie de testamento de Malcolm, despossuída de perspectiva crítica: "Esse próprio texto foi criticado por esquivar-se de alguns fatos ou distorcê-los. Entretanto, a autobiografia é não só uma prova do talento de Haley na elaboração do manuscrito, mas também um registro da própria tentativa de Malcolm de contar sua história".

A questão da escolha dos eventos a serem abordados no texto de Haley fica mais esclarecedora, de maneira crítica, em outra análise de Dyson (1995, p.134-5), que diz, por exemplo, que Haley simplesmente omitiu encontros do líder com a Ku Klux Klan e apresentou dados equivocados sobre a vida escolar de Malcolm:

No entanto, esse documento também contém traços profundos da tentativa de Malcolm de se defender das vulnerabilidades inevitáveis reveladas no processo de lembrança e reconstrução da vida de alguém. Em termos simples, isso significa que a alegação de Malcolm de que ele fora expulso da West Junior High School em Lansing, no Michigan, por exemplo, é imprecisa; ele passou por lá, na sétima série, em 1939. Malcolm, porém, nunca menciona de modo mais profundo seu encontro com a Ku Klux Klan, em 1961, para verificar se esse grupo, que assim como a Nação do Islã defendia o separatismo racial, poderia ajudar Elijah Muhammad e seus seguidores a conseguir terra para suas crenças em vigor.

70   VLADIMIR MIGUEL RODRIGUES

Herói ou vilão, verdade ou mentira, definitivo ou provisório, Malcolm X foi um polêmico líder afro-americano. O livro de Haley cria um *personagem* Malcolm X, que não corresponde necessariamente ao Malcolm X que discursava no Harlem. A seguir, analisaremos como Haley criou as características do personagem Malcolm no texto biográfico, tornando-o, como vimos anteriormente, uma figura "santificada" no imaginário racial dos Estados Unidos.

A alienação

> *"As únicas pessoas que realmente mudaram a história foram as que mudaram o pensamento dos homens a respeito de si mesmos."*
>
> (Malcolm X apud Haley, 1965, p.240)

Os primeiros anos

Malcolm Little nasceu em 19 de maio de 1925, em um Estado no coração dos Estados Unidos, o Nebraska, na cidade de Omaha. Filho de Earl Little, um homem alto de postura impositiva, ministro batista e pregador do nacionalismo negro, e de Louise Little, uma mulher branca que nasceu na Granada.

Quando do seu nascimento, o país passava por um momento de transição em sua história: a economia nacional e o *American way of life* ainda contagiavam os americanos e triunfavam pelo mundo, mas não por muito tempo. Naquele momento, a administração do país estava a cargo do conservador Calvin Coolidge (1923-1929).

A infância de Malcolm foi árdua. Primeiro, pela cor da pele que sacramentava o futuro de uma boa parte dos negros do país, segundo por ter vivenciado, durante a década de 1930, anos da sua infância, a época da Grande Depressão. Em meados de 1920, os negros que tinham o respeito dos brancos eram aqueles que trabalhavam como

O X DE MALCOLM E A QUESTÃO RACIAL NORTE-AMERICANA **71**

garçons e faxineiros. O pai de Malcolm estava no caminho contrário
dessa perspectiva. Como religioso, pregava nas igrejas das proximidades de Omaha o pan-africanismo de Garvey que causava fúria
entre os brancos que repudiavam e perseguiam todos os negros que
tentavam se insurgir contra o *status quo*. Perseguidos, mudaram-se
várias vezes. Moraram no Michigan e em Lansing (Milwaukee)
onde seu pai sofreu implacável perseguição da Ku Klux Klan (AMX,
p.17). O pai de Malcolm era um negro politizado e que lutava pela
libertação e justiça social aos seus irmãos. Por isso mesmo, a casa
da família Little chegou até a ser queimada por membros da Klan,
episódio descrito mais tarde como "noite do pesadelo" (AMX, p.15)
em sua biografia.

Na biografia, Haley descreve o pai de Malcolm como uma pessoa
violenta. Earl batia nos filhos e na esposa, mas Malcolm era o que
menos apanhava. Ele afirma no texto que, possivelmente, recebia
um trato melhor do pai pelo fato de ser um negro "mais claro". Essa
perspectiva estava presente dentro das comunidades negras espa-
lhadas pelo território. É certo que o senso comum daquela época
pregava que quanto mais branco melhor, mais evoluído e civilizado,
afirmativa consagrada pelo darwinismo social. Wolfenstein (1989,
p.53), ao analisar Malcolm por meio da psicologia, afirma que o
discurso violento que o líder negro apresentou em sua fase adulta é
reflexo da infância pobre que teve e das relações de conflito presentes em sua família e, mais tarde, durante sua vida marginal. Dyson
(apud Perry, 1992, p.78) afirma a respeito:

> Na avaliação de Perry, é na infância de Malcolm que está a chave
> interpretativa para a compreensão de sua carreira madura como líder
> negro: a luta de Malcolm contra a estrutura do poder dos brancos
> derivou das mesmas necessidades internas que tinham gerado rebe-
> liões anteriores contra seus professores, contra a lei, contra a religião
> estabelecida e contra outros símbolos de autoridade.

Quando Malcolm tinha apenas 6 anos de idade, o pai foi brutalmente assassinado por membros de grupos racistas: foi espancado

72 VLADIMIR MIGUEL RODRIGUES

e posteriormente colocado na linha de um trem. Naquele contexto, início da década de 1930, quando a economia do país virava pó em plena administração de Herbert Hoover (1929-1933), não havia lei nos Estados Unidos que coibisse o linchamento de negros. Boa parte da população afro-americana estava totalmente marginalizada, sem o auxílio do Estado, subjugada e humilhada por significativa parte da população branca. Dessa maneira, perguntamos: que tipo de democracia era a dos Estados Unidos naquela época, uma vez que não garantia os direitos da população negra?

Fica evidente, no texto biográfico, que essas tragédias familiares são, possivelmente, um dos motivos para Malcolm ter assumido o discurso radical. O que chamamos de "griotismo", experiências de vida passadas de família para família, nesse caso as tragédias das comunidades negras dos tempos da escravidão ao da suposta liberdade, serviu de base para muitos pensadores negros do século XX, como foi o caso de Marcus Garvey e do próprio Malcolm X.

Após a morte do pai, a mãe, Louise, que, segundo Haley no texto biográfico, teria tido a premonição da morte do marido, ficou doente, sofreu do mal de Alzheimer e acabou internada durante 26 anos (AMX, p.32). Haley aproveitou-se dessas tragédias para tentar apelar para o lado emocional, a fim de comover o leitor em relação à infância de Malcolm.

Além das dificuldades provocadas pela morte do pai e da doença da mãe, Malcolm e os irmãos passaram a infância no pior período econômico da história dos Estados Unidos, a Grande Depressão. Malcolm, após a internação da mãe, foi levado para a família Gohanna, que, segundo ele, o tratou de forma igualitária, respeitosa, como se fosse mais um filho. Parece-nos interessante destacar que, ao enfocar tal questão, Haley identifica que, no primeiro decênio da vida de Malcolm, este não tinha qualquer pensamento racista em relação aos brancos, mesmo com o ocorrido com seu pai.

Assim como a maioria dos garotos negros da década de 1930, Malcolm flertou com o boxe. Nesse momento da narrativa, Haley já dá evidências de como esse esporte seria importante na vida de Malcolm, pois, mais tarde, será enfocado, com ainda mais entusiasmo,

O X DE MALCOLM E A QUESTÃO RACIAL NORTE-AMERICANA   73

quando Malcolm selou uma forte amizade com Cassius Clay. Teria
Haley explorado esse tema para criar em Malcolm uma característica
viril que ele desenvolveria mais claramente quando de sua conscientização política?

Naquela época, os afro-americanos analisavam o esporte como
uma forma de superação e também de orgulho racial, principalmente
pelas vitórias de pugilistas negros contra lutadores brancos. Durante
a sua infância e adolescência, Joe Louis foi um grande herói para a
comunidade e também serviu de inspiração para que ele se arriscasse
na luta. Disse Haley sobre o contato de Malcolm com o boxe:

> Um negro não podia ser derrotado por um branco e voltar para
> a comunidade de cabeça erguida, especialmente naquele tempo,
> quando os esportes e o show business, em grau menor, eram os
> únicos campos abertos à evolução dos negros e o ringue era o único
> lugar em que um negro podia bater num branco sem ser linchado.
> (AMX, p.40)

Percebe-se que Haley quis mostrar que o boxe era visto por
Malcolm como uma forma de vitória e de orgulho para os negros
daquela época em relação aos brancos. Era uma das formas de honrar
a comunidade.

A biografia constata a importância de Ella, uma meia-irmã, que
apareceu na vida de Malcolm quando a família passava por dificuldades. Ele ficou impressionado com a a aparência de Ella, chegando
a considerá-la "a primeira mulher negra orgulhosa" (AMX, p.45)
que conhecia. A chegada de Ella trouxe um vendaval para Malcolm.
A meia-irmã convidou Malcolm a conhecer Boston e não demorou
muito para que aquele garoto do interior dos Estados Unidos conhecesse a cidade grande e mudasse completamente os seus parâmetros
e valores sobre a vida e sua cor. No texto biográfico, ele descreve a
sua chegada à capital de Massachussets como um verdadeiro caipira:

> Eu parecia o Ferdinando Buscapé das histórias em quadrinhos.
> Os cabelos encarapinhados avermelhados estavam cortados ao

melhor estilo matuto; eu nem mesmo usava brilhantina. As mangas do casaco do terno verde terminavam muito acima dos pulsos, as pernas da calça mostravam três ou quatro dedos das meias. (AMX, p.52)

Em Boston, um dos centros agitadores da independência do país, Malcolm entrou em contato com outros negros e percebeu o tamanho da sua comunidade e sua importância para o desenvolvimento da região. Um novo mundo foi apresentado a Malcolm, que, em pouco tempo, estaria totalmente integrado a ele. E de maneira destruidora!

Quando voltou a Lansing, já contaminado com as sensações de Boston, Malcolm deixou de ser aquele negro "alienado e passivo" que aceitava tudo o que os brancos falavam. Passou a contestar e a retrucar aqueles que o chamavam de *nigger*, termo até hoje considerado fortemente pejorativo quando usado por um branco em relação a um negro. A biografia mostra que uma das passagens mais marcantes de sua vida adolescente foi quando um professor ao qual ele nutria respeito, considerado até um "conselheiro", perguntou--lhe o que pensava em fazer da vida. Malcolm disse que gostaria de ser advogado. O professor, então, disse-lhe que deveria ser realista. Em outras palavras, disse ao jovem Malcolm "para se colocar no devido lugar", pois jamais um negro conseguiria se tornar advogado naquela época, "não era um objetivo realista para um negro" (AMX, p.42). Haley, nessa passagem, quer demonstrar como a opinião de um professor branco pôde ser destrutiva na vida de um aluno negro, rebaixando-o e anulando seus sonhos.

As palavras do professor certamente faziam parte do senso comum de parte da população branca da época e, em alguns momentos, chegavam até a fazer a população negra acreditar nessa perspectiva.

A vida na capital tornou Malcolm uma pessoa diferente ao ter contato com o cosmopolitismo. O bairro em que morou, Roxbury, era uma espécie de Harlem da maior cidade de Massachussetts, tendo uma grande aglomeração de negros e, ao mesmo tempo, sendo um importante centro cultural. Ao longo de um mês,

O X DE MALCOLM E A QUESTÃO RACIAL NORTE-AMERICANA **75**

Malcolm aprendeu coisas com as que jamais tivera contato em Lansing. Logo de início, ganhou um novo apelido, "Red" (AMX, p.56), por causa das suas madeixas avermelhadas. Aliás, Haley conta na biografia que o cabelo de Malcolm, durante a adolescência, era motivo de grande preocupação, pois passava horas e horas tentando alisá-lo, para ser um "negro diferente", de cabelo liso igual aos brancos. Por paradoxal que possa parecer, Malcolm, ao mudar para Boston, parecia, inicialmente, começar a adquirir uma "consciência negra", mas, na verdade, a sua estada na cidade deu início ao seu período de alienação, pelo comportamento disperso e fútil que teve ao longo do tempo na capital. Ao começar pelas próprias madeixas, Malcolm insistia em deixá-las escorridas para estarem tão vistosas quanto os cabelos de um "branco" (AMX, p.67). Mais tarde, ao se tornar ministro muçulmano, Haley tachou essa sua atitude, na biografia, de "ridícula", justamente pela perda de identidade que sofreu durante a época de alienação. Malcolm, mais tarde conscientizado, sabia que se autodegradara durante todo aquele período em Boston. Temos a impressão de que Malcolm, nesse instante da sua trajetória, vivia uma vida mergulhada na alienação e na futilidade, sem qualquer preocupação pelo bem-estar da comunidade negra.

O primeiro emprego de Malcolm foi como engraxate em uma casa noturna que abrigava os grandes bailes negros de Boston, o Roseland. A casa de shows recebeu, durante a década de 1940, renomados grupos e grandes personalidades do *soul music*, com os quais Malcolm, aliás, tinha ótimo relacionamento, como a diva Billie Holliday. Malcolm foi apresentado à vida boêmia por um rapaz que se tornaria um grande amigo, Shorty, que, aliás, era conterrâneo seu. Inicialmente, Malcolm de fato só trabalhava durante a noite e de maneira legal e honesta, ganhando gorjetas daqueles que procuravam seu serviço. Ele foi adquirindo novos amigos – cafetões, traficantes, prostitutas e viciados – e também novas experiências. Foi apresentado ao uísque, à maconha e à cocaína. Um caminho quase sem volta. A transformação de Malcolm foi completa, começando pela maneira de se vestir: deixou de ser um caipira para se tornar um

76 VLADIMIR MIGUEL RODRIGUES

"boa-pinta". Deixou de ser o garoto comportado da cidade pequena para se tornar mais um alienado dominado pelas drogas. Praticamente um "rato de rua", como ele é descrito na biografia de Haley:

> Também adquiri todos os adornos em voga entre os negros, como os ternos que já descrevi, bebendo bastante, fumando cigarros comuns e depois passando para baseados. Fazia tudo isso para apagar meus antecedentes embaraçosos. Mas ainda acalentava uma humilhação secreta: não sabia dançar. (AMX, p.70)

A dança foi marcante em sua vida em Boston, onde Malcolm acabou por se tornar um verdadeiro "pé de valsa", graças, é claro, à bebida e às drogas que o ajudavam a se tornar menos inibido. Parece-nos que, por meio da descrição de Haley, as ruas, os guetos de Boston supriram a necessidade da ausência dos pais de Malcolm, tendo ele sido criado pelas "leis da selva", regadas a drogas e violência.

Malcolm, durante a juventude, permanecia pouco tempo em um emprego. Havia esquecido completamente os estudos e a família quando tomou a decisão de simplesmente aproveitar a vida do jeito mais ilícito. Já acostumado à vida marginal em Boston, Malcolm, que tinha trânsito em todos os becos da cidade, era conhecido por todos os figurões da vida *underground*. Onde havia festas, bebidas e drogas, Malcolm estava. O emprego na casa de shows Roseland não era mais interessante, ele argumentara que "não tinha tempo para engraxar sapatos e dançar" (AMX, p.71), afinal, naquele momento de sua vida, a dança representava um de seus maiores entretenimentos junto ao álcool.

Malcolm de fato conseguiu um emprego que, momentaneamente, poderia afastá-lo do vício: balconista em uma *farmácia* perto de sua casa. A monotonia do ambiente mexia com Malcolm, acostumado às agitações da vida noturna. No entanto, ao menos por alguns momentos do dia, Malcolm tinha algum divertimento, quando uma garota chamada Laura aparecia no seu trabalho depois da aula para tomar um refresco. Na biografia, ela é descrita como uma jovem comportada, dedicada aos estudos e criada pela avó, uma velha senhora "que vivia em uma pensão, era muito rigorosa, antiquada e religiosa" (AMX, p.74).

Laura, que só saía de casa para frequentar a igreja, viu-se em meio a um novo mundo, o da vida noturna, da dança, da bebida ao se envolver com Malcolm. Haley descreve, na biografia, que a grande parceira de dança de Malcolm foi Laura e que sempre faziam sucesso quando estavam no salão. Escreve Haley sobre Malcolm: "posso fechar os olhos até hoje e vê-los (os pés), como algum balé fantástico e maravilhoso, movendo-se tão depressa que mal se conseguia acompanhá-los" (AMX, p.77).

O destino de Laura mudou após o contato com Malcolm. Haley afirma que Malcolm nunca mais voltou à *farmácia* e que, quando viu Laura novamente, ela se parecia mais a uma "ruína humana, conhecida por todos os negros de Roxbury, entrando e saindo da cadeia constantemente" (AMX, p.77). Ela mergulhou na vida marginal, viciando-se em toda a sorte de drogas e vendendo o corpo em troca de entorpecentes. Odiou tanto os homens que acabou por se tornar lésbica. Até que ponto esse dado pode ser considerado "verdadeiro"? Não seria muito radical? Na biografia, Haley afirma que Malcolm carregou a culpa por muitos anos do destino tomado pela vida de Laura e, principalmente, por tê-la ignorado em troca de uma mulher branca! Malcolm é descrito por Haley naquele conturbando momento de sua vida: ele estava "cego, surdo e mudo" (AMX, p.79). É fato que Malcolm vivia uma alienação total naquele momento.

O relacionamento com a loura Sophia foi marcante na vida de Malcolm e parece-nos relevante analisá-lo aqui. O primeiro encontro entre os dois aconteceu no Roseland, justamente depois que ele levou Laura para casa e voltou ao show do conhecido Duke Ellington para se encontrar com Sophia, a loura que o havia enfeitiçado. Ela não dançava bem como as negras, mas o fato de ser branca e loura mexia com muitas pessoas, fossem negras ou brancas. Naquela ocasião, fosse em Roxbury ou em qualquer lugar nos Estados Unidos, ter uma mulher branca, que não fosse uma prostituta qualquer, era um símbolo de *status* de primeira classe, pelo menos para o negro de classe média. Haley afirma que Malcolm adorava exibi-la no gueto, e ela sempre ia apanhá-lo no centro da cidade e em todos os lugares que ele desejasse. Malcolm afirmou para Haley que a presença de Sophia ao seu lado, de fato, trouxe para si um *status* superior nas redondezas de Roxbury em Boston. Aos 16 anos, ele não era mais conhecido somente pela maneira extravagante de se vestir, com seus ternos "amigo da onça", e sim por andar com uma bela loura em um Cadillac. Parece-nos que essa perspectiva é um tanto arcaica para os padrões atuais, uma vez que, embora possa haver alguma discriminação racial quanto ao casamento inter-racial, a união entre negros e brancos é algo absolutamente normal nas grandes cidades do Brasil e dos Estados Unidos.

Assim como todo homem nascido nos Estados Unidos e maior de 16 anos durante a Segunda Guerra Mundial, Malcolm sofria com o temor de ser convocado às Forças Armadas. Durante o início das hostilidades dos Estados Unidos contra o Eixo, Malcolm procurou um emprego para tentar se afastar da convocação. Trabalhava naquele momento como vendedor de doces e salgados em uma ferrovia que ligava Boston a Nova York. Até então, ele só ouvia falar da maior cidade do país por meio de conversas com amigos. Em uma dessas viagens entre as duas grandes cidades, Malcolm embarcou na locomotiva e, enfim, chegando a Nova York, conheceu o Harlem.

A chegada de Malcolm ao Harlem em 1941 é relatada da seguinte maneira por Haley: "Levaram-me para o Harlem de táxi. A Nova York branca passou por mim como um cenário de filme. Depois, abruptamente, quando deixamos o Central Park, na Rua 110, a pele das pessoas começou a mudar (AMX, p.88)".

O Harlem tornou-se um paraíso para Malcolm. No momento em que desembarcou no bairro, o local ainda sentia os últimos suspiros de um movimento artístico-intelectual, conhecido como *Harlem Renaissance*, marcado, entre outras coisas, pela emergência de um gênero musical que contagiaria até os brancos: o *jazz*, gênero musical que consagrou mundialmente nomes como Louis Armstrong, Duke Ellington, Ella Fitzgerald, Billie Holliday, entre tantos outros nomes de sucesso que eternizariam locais de shows no Harlem, como Cotton Club, Savoy Ballroom e Apollo Theather, além, é claro, da famosa Avenida Lenox. Também é importante destacar que o movimento foi marcado pelo advento de nomes importantes do "pensamento negro", como Marcus Garvey, W. E. B. Du Bois e Booker T. Washington, responsáveis por uma nova consciência racial.

Não demorou muito tempo para Malcolm se integrar ao Harlem e conhecê-lo como a palma da mão. Ganhou o apelido de *Harlem Red*, em referência ao marcante estilo de seus cabelos. A descrição do bairro feita na biografia mostra como ele se sentiria à vontade nos próximos anos de atividades ilícitas:

> O gueto negro fervilhava de brancos, cafetões, prostitutas, contrabandistas de bebidas, vigaristas de todos os tipos, personagens pitorescos, guardas e agentes da Lei Seca. Os negros dançavam como nunca tinham feito antes e como nunca mais voltaram a fazer desde então [...]. Quando tudo terminou, com o colapso do mercado de ações em 1929, o Harlem possuía uma reputação internacional com o Casbah da América. O Small's fora uma parte de tudo isso. Era lá que eu ficava ouvindo os veteranos recordarem os grandes tempos de antigamente [...]. Fui assim bem escolado, por especialistas em atividades ilícitas como o jogo dos números, a prostituição, os mais diversos tipos de golpes, tráfico de drogas e roubos de toda espécie, inclusive assaltos à mão armada. (AMX, p.97)

Dessa maneira, fica fácil entender o motivo pelo qual ele diria, mais tarde, que o Harlem foi a sua "universidade". Na narrativa biográfica, Haley enfatiza a vida criminal de Malcolm, do capítulo VI ao XI, quando descreve o momento da prisão deste. A vida de Malcolm no submundo nova-iorquino iniciou-se com o vício nos jogos de azar, nas apostas que tomavam conta de boa parte da comunidade negra do Harlem, que, no seu imaginário financeiro, cria na possibilidade de enriquecer por meio das formas mais variadas de loteria, já que, em tempos de guerra, as dificuldades econômicas eram ainda

80 VLADIMIR MIGUEL RODRIGUES

maiores. O trabalho como *bartender* no Harlem fez de Malcolm, de fato, um verdadeiro aluno da criminalidade. Haley conduz a narrativa de modo a mostrar que Malcolm, em pouco tempo, conseguiu se infiltrar entre os grandes marginais do bairro. Como acontece com muitos garotos aliciados ao tráfico de drogas ao redor do mundo, Malcolm foi facilmente integrado à venda de produtos ilícitos e a toda a sorte de ilegalidades que rondam o submundo.

Ele é descrito na narrativa como um verdadeiro criminoso, agenciando mulheres, negociando com policiais, consumindo e vendendo drogas em domicílio. A impressão que se tem do Harlem da década de 1940, por meio do texto biográfico, é de um lugar frequentado, basicamente, por pessoas ligadas a algum tipo de crime. Não havia pessoas de bem no Harlem de Haley e Malcolm? Haley relata a seguinte experiência no tocante à pensão em que Malcolm morou no Harlem: "Eu era um dos poucos homens que moravam na pensão [...] Em vários apartamentos, as inquilinas eram prostitutas. A maioria estava metida em uma ou outra atividade ilegal; havia assaltantes, cafetões, corretores do jogo dos números e traficantes de tóxico" (AMX, p.104).

A relação de Malcolm com as mulheres também ficou bem exposta no livro. Em algumas oportunidades, pelo fato de ter agenciado prostitutas, mostrou também um lado sádico ao contar passagens de determinados casos sexuais.

Aquelas mulheres (prostitutas) me contavam tudo. Revelavam histórias engraçadas sobre as diferenças que viam na cama entre os homens pretos e os brancos. E as taras? Eram incríveis. Eu pensava que já tinha ouvido tudo sobre taras até que me tornei, mais tarde, um guia que encaminhava os brancos a tudo o que queriam. Todas as mulheres na casa riam muito com a história do pequeno italiano a quem chamavam de "O homem de dez dólares por minuto" [...] (AMX, p.106)

Políticos importantes. Magnatas do mundo dos negócios. Amigos importantes que vinham de outras cidades. Altas autoridades do

O X DE MALCOLM E A QUESTÃO RACIAL NORTE-AMERICANA **81**

governo municipal. Profissionais liberais de todos os tipos. Grandes artistas. Celebridades do teatro e de Hollywood. E, é claro, muitos gângsteres. O Harlem era o covil do pecado deles, a reserva de carne. Eles se insinuavam furtivamente entre os negros, que eram tabu, tirando máscaras antissépticas, importantes e dignas que exibiam no seu mundo branco. Eram homens que podiam se dar ao luxo de gastar muito dinheiro para passarem duas, três ou quatro horas entregando-se a seus estranhos apetites [...]. O mais estranho é que eram geralmente os brancos mais velhos, muitos com sessenta e tantos anos, alguns já passando dos setenta anos, que pareciam se recuperar mais depressa para se encontrarem novamente comigo na esquina da rua 45 com a Broadway, a fim de que os levasse mais uma vez ao apartamento, onde ficavam de joelhos, chorando e suplicando por misericórdia, diante da mulher negra com um chicote na mão. Alguns chegavam a me pagar um dinheiro extra para ir assistir à surra que levavam. (AMX, p.133)

A vida de viciado e traficante pequeno de Malcolm obviamente chamaria a atenção de policiais que rondavam os bares mais frequentados da região. A sua prisão viria a acontecer, mais cedo ou mais tarde, tendo em vista o modo de vida que ele tinha nos becos de Nova York.

Eu levava cerca de cinquenta baseados num pacote pequeno, por dentro do casaco, debaixo da axila, mantendo o braço encostado no corpo. Ficava sempre de olhos bem abertos. Se algum (detetive) parecia suspeito, atravessava rapidamente a rua, passava por uma porta ou virava a esquina, abrindo o braço o suficiente para deixar o pacote cair. À noite, quando geralmente fazia minhas vendas, uma pessoa desconfiada provavelmente não perceberia a coisa. Chegava-se à conclusão de que me enganara, voltava e pegava os baseados. (AMX, p.114-5)

Percebe-se que a descrição de Haley do Harlem dos anos 1940, cuja prefeitura era chefiada pelo descendente de italianos, Fiorello

La Guardía, era, definitivamente, um local perigoso. No texto biográfico, a relação com a polícia é tratada da seguinte maneira:

> A lei determinava que o cara não podia ser preso se a prova não fosse realmente encontrada em seu poder. Saltos de sapatos ocos, falsas bainhas de calça e coisas assim eram manjadas demais pelos detetives [...]. Uma manhã, ao voltar para casa, descobri que haviam revistado meu quarto. Eu sabia que só podia ter sido a polícia. Ouvira contar muitas vezes o golpe que a polícia costumava usar quando não conseguia encontrar qualquer prova com um suspeito. "Plantava" alguma *marijuana* no quarto do cara, num lugar onde ele jamais conseguiria encontrar, e voltava depois para "descobri-la". (AMX, p.115)

É natural a indissociabilidade entre a vida de um traficante atuante na comunidade e a presença de algum tipo de armamento. Como qualquer traficante procurado da polícia, ele não deixou de se armar:

> Foi nessa ocasião que comecei a andar com uma pequena automática calibre 25. Troquei-a por alguns baseados com um viciado que eu sabia que a roubara. Levava-a presa debaixo do cinto, no meio das costas. Alguém me dissera que os tiras nunca procuravam ali, nas revistas de rotina. (AMX, p.115)

Parece-nos que a mercantilização de armamentos no Harlem, nos tempos da Segunda Guerra Mundial, contada por meio das experiências de Malcolm, não é muito diferente da que é feita na costa oeste dos Estados Unidos, principalmente nos arredores de Los Angeles, como ficou evidente, na passagem da década de 1980 para a de 1990, nos choques entre as gangues *The Bloods* e *The Crips*. Trata-se do submundo apresentando suas armas.

A relação da comunidade negra que vivia no Harlem com a polícia branca também foi motivo de relato por parte de Malcolm, no livro.

Os tiras volta e meia me exibiam o seu distintivo para me revistarem, geralmente em lugares públicos. Eu dizia imediatamente, alto o bastante para que as pessoas ao redor pudessem ouvir, que não tinha nada comigo e não queria que me plantassem alguma coisa. E eles não o faziam. É que já naquele tempo o Harlem não apreciava muito a polícia e os tiras precisavam tomar cuidado para que uma multidão de negros não resolvesse intervir rudemente. Os negros estavam começando a ficar muito tensos no Harlem. Quase que se podia sentir o cheiro de encrenca prestes a explodir... como aconteceu pouco depois. (AMX, p.116)

Por meio desse relato, Haley já começava a apresentar a ideia de Malcolm, que mais tarde foi consagrada pelos Panteras Negras, de "ocupação" da polícia nos bairros negros. Tanto que Bobby Seale e Huey Newton, dois dos principais expoentes daquele movimento, referiam-se aos policiais como *pigs*, expressão usada pelos afro--americanos para cognominar os policiais que usavam e abusavam da violência para com os moradores desses bairros. Essa perspectiva foi lembrada, em inúmeras oportunidades, no cinema em filmes que abordaram a questão racial, como o consagrado filme de Spike Lee, *Do the right thing* (*Faça a coisa certa*, 1989), quando um dos personagens, Radio Raheem, afro-americano, entra em uma briga contra um ítalo-americano, Sal, e a polícia entra em cena, dispersa a multidão e, por fim, mata o garoto negro por esganadura. O filme projeta em Radio a imagem de inúmeros afro-americanos espancados e mortos por policiais brancos.

Haley escreveu que, enquanto expandia seus negócios, vendendo drogas inclusive para renomados artistas do cenário do *jazz* negro da época e fazendo os bicos de cafetão, Malcolm carregava uma grande preocupação. E não era o medo da polícia, e, sim, o do recrutamento para a Segunda Guerra Mundial. Ao ser convocado para o alistamento, saiu-se com esta, no relato biográfico:

Não me precipitei. Dei uma volta pela sala, observando-o atentamente (o psiquiatra), deixando-o pensar que podia me arrancar o

84   VLADIMIR MIGUEL RODRIGUES

que estava querendo. Fiquei me sacudindo todo, jogando a cabeça para trás, como se alguém pudesse estar escutando. Sabia que o psiquiatra ia voltar aos livros para tentar descobrir qual era o meu caso. Subitamente, avancei e fui dar uma espiada por baixo das duas portas, aquela pela qual entrara e uma outra, que devia ser de um closet. Voltei e me inclinei, sussurrando no ouvido dele: – Nós dois somos aqui do Norte e por isso sei que não vai contar a ninguém... Quero ser mandado para o Sul. Vou organizar os soldados negros, entende? Vamos roubar uma porção de armas e matar aqueles brancos azedos. (AMX, p.120-1)

Haley mostra nesse ponto que a tentativa de se passar por louco deu certo para Malcolm, que foi dispensado imediatamente do serviço militar. No entanto, a sorte que ele teve não foi a mesma de muitos negros durante a Segunda Guerra Mundial, os quais, mais uma vez, de maneira paradoxal, foram convocados para lutar pela pátria que lhes negava a cidadania, assim como ocorrera durante a Secessão. Nos Estados Unidos, muitos brancos e até membros governamentais, principalmente no Sul, segregavam e chamavam os afro-americanos de *niggers*, termos racistas, porém, na Europa, exigiam que eles colocassem a mão no peito e lutassem pela bandeira estrelada por um patriotismo hipócrita e frágil. Anos atrás, Spike Lee retratou no cinema a situação de um esquadrão negro, em campanha pela Itália, representando os Aliados contra o Eixo. A narrativa, chamada de *Milagre em Santa Anna* (2008), mostra o racismo existente dentro das fileiras do Exército dos Estados Unidos.

Haley conta que a vida que Malcolm tinha no Harlem foi, aos poucos, definhando ainda mais. Parece-nos que a situação exposta por Haley, a cada novo episódio da marginalidade de Malcolm, caminhava para duas certezas sobre a vida dele: ou seria morto pelo estilo de vida ou então seria preso. Meses antes de ser encarcerado, procurando rendimentos ainda maiores, pois não se dava por satisfeito com o lucro obtido nas já conhecidas atividades ilícitas, Malcolm trabalhou na comercialização de bebidas alcoólicas falsificadas e apostou ainda mais nos jogos de azar. Haley conta que

O X DE MALCOLM E A QUESTÃO RACIAL NORTE-AMERICANA   85

as coisas iam de mal a pior, quando Malcolm se envolveu com um perigoso homem da jogatina no Harlem, "West Indian Archie", o qual o acusava de ter trapaceado no jogo dos números. Por meio da narrativa de Haley, naquele contexto, percebe-se que Malcolm estava completamente acuado. Além dos problemas da loteria, era acusado por um grupo de italianos do Bronx, por um possível assalto no bairro, fato que Haley fez questão de negar no livro: "Os caras estavam blefando. Queriam que o assaltante se traísse com a pressão deles e ainda tinham outros suspeitos para verificar. Foi isso o que me salvou" (AMX, p.136). Com qual intenção Haley escreveu isso? Com a ideia de proteger Malcolm de mais uma acusação?

No livro de Haley, Malcolm teve que fugir da cidade para se manter vivo:

> Entrei no carro. Não fiz qualquer objeção de me mandar de Nova York. Shorty ficou de vigia do lado de fora do meu apartamento, enquanto eu ia buscar e levava para o carro os poucos pertences que me interessava levar. E depois caímos na estrada. Shorty ficou sem dormir por cerca de 36 horas. Mais tarde, ele me contou que eu falei sem parar durante toda a viagem de volta. (AMX, p.127)

Haley faz uma descrição simples dos atos de Malcolm naquele momento: "morte cerebral":

> Às vezes, recordando de tudo isso, não sei explicar como ainda estou vivo para contar a história. Dizem que Deus vela pelos idiotas e bebês. Muitas vezes tenho pensado que Alá estava velando por mim. Durante todo esse período da minha vida, eu estava realmente morto... mentalmente morto. Só que não sabia disso. (AMX, p.139)

A realidade de Malcolm descrita no livro, infelizmente, é a de muitos jovens de hoje em dia, e, diga-se de passagem, jovens que fazem parte de uma elite econômica. Malcolm esclarece a necessidade da droga no momento da adrenalina:

86 VLADIMIR MIGUEL RODRIGUES

Eu sabia que tinha que ficar alto. Parece-me agora inconcebível a quantidade de tóxicos que tomei nas horas seguintes. Com o tal ator branco, consegui arrumar um pouco de ópio. Peguei um táxi, voltei para meu apartamento, fumei o ópio. Estava com a arma pronta para disparar se ouvisse um mosquito tossindo [...]. O ópio me deixara sonolento. Eu tinha um vidro de comprimidos de benzedrina no banheiro. Engoli alguns, para me reanimar. As duas drogas atuando em meu organismo davam-me a sensação de que a cabeça seguia em direções opostas ao mesmo tempo. Fui bater no apartamento logo depois do meu. O traficante me deixava levar marijuana a granel a crédito. Ele viu que eu estava tão alto que me ajudou a enrolar os cigarros. Fiz cem baseados. E enquanto enrolávamos, aproveitamos para fumar um pouco. Eu estava agora cheio de ópio, benzedrina e marijuana [...]. A única palavra que posso usar como descrição é intemporal. Um dia inteiro podia estar contido em cinco minutos. Ou meia hora podia parecer-me uma semana. (AMX, p.144-5)

Parece-nos que Haley apelou, aqui, para o lado emocional para fazer com que o leitor pudesse ter "piedade, dó" de Malcolm. O relato biográfico realmente nos faz crer simplesmente na sorte que Malcolm teve de não ter morrido vítima de uma *overdose*, com a explosiva combinação de drogas e medicamentos.

As manifestações da alienação de Malcolm não se resumiram somente ao vício. Pelo fato de estar "mentalmente morto", não se esperava dele um desenvolvimento intelectual. Um viciado é simplesmente um dominado. Segue Haley no livro:

Eu pensava que um homem devia fazer tudo aquilo que a esperteza lhe permitisse, não importava o quanto fosse cruel e temerário, e que uma mulher não passava de um artigo de consumo. Cada palavra que eu dizia era em gíria ou obscena. Sou capaz de apostar que meu vocabulário cotidiano naquele tempo não tinha mais que 200 palavras. (AMX, p.148)

O X DE MALCOLM E A QUESTÃO RACIAL NORTE-AMERICANA **87**

A realidade de Malcolm era a de muitos outros negros oprimidos pelo sistema racista da sociedade norte-americana que alijava os negros do processo político e econômico. Percebe-se claramente o desrespeito que os governos dos Estados Unidos tinham em relação às minorias, pois eram negados aos negros os seus direitos civis. Essa perspectiva era ainda exacerbada pelo fato de os governos estaduais terem amplos poderes de criar legislações específicas, agindo com repressão para com os negros.

A preocupação com o bem-estar coletivo dos cidadãos era trocado por outro bem-estar, de um custo muito mais alto para a saúde, o da cocaína. Haley descreve o viciado Malcolm:

> Para aqueles que aspiram os seus cristais brancos, a cocaína produz uma ilusão de extremo bem-estar, uma autoconfiança espetacular, tanto na capacidade física como na mental. A gente pensa que pode derrotar facilmente o campeão mundial de boxe e que é mais esperto que qualquer outra pessoa no mundo. (AMX, p.148)

Malcolm, mais tarde, saberia que, sob o efeito da cocaína, poderia até derrotar Cassius Clay, mas haveria uma derrota de proporções infinitas, a derrota da vida, e a derrota da questão racial. Percebemos que a derrota na vida de Malcolm foi apresentada naquele momento. De volta a Boston e dilacerado pelas drogas, voltou a encontrar-se com a loura Sophia, a qual lhe dava dinheiro e prazer. No entanto, o tratamento dispensado a ela agora era diferente, pois Malcolm agia com violência e destempero. Pelos relatos de Haley, percebemos que quem agiu de maneira desonesta foi Malcolm em relação a Sophia, e não o inverso.

Parece-nos que, por meio da escrita de Haley, a vida marginal acabou até por trazer uma premonição a Malcolm, que já visualizava seu futuro:

> No fundo, acreditava realmente que, depois de viver tão intensamente quanto era humanamente possível, um homem deveria morrer violentamente. Eu esperava naquele momento, como ainda

88   VLADIMIR MIGUEL RODRIGUES

espero hoje, morrer violentamente a qualquer momento. A sua visão foi plenamente realizada, como veremos adiante. (AMX, p.152)

A última investida de Malcolm como vigarista aconteceu em Boston, quando montou uma quadrilha para roubar casas, envolvendo seu amigo Shorty, Sophia e outros comparsas. Haley detalhou, em seu livro, o plano de ação de Malcolm:

> Na primeira reunião da nossa quadrilha no apartamento alugado, discutimos como iríamos operar. As mulheres entrariam nas casas para fazer o levantamento do local. Tocariam a campainha, dizendo que eram vendedoras, universitárias fazendo uma pesquisa ou qualquer outra coisa apropriada. Uma vez dentro das casas, tratariam de circular o máximo possível, sem atrair uma atenção exagerada. Depois, viriam nos informar quais os objetos de valor que tinham visto e onde. Fariam um desenho da disposição da casa para Shorty, Rudy e eu. Concordamos que as mulheres só atuariam nos assaltos propriamente ditos em casos especiais, quando houvesse alguma vantagem considerável nisso. De um modo geral, porém, os três homens é que iriam trabalhar, dois assaltando a casa, enquanto o terceiro ficava de vigia no carro de fuga, com o motor ligado. [...] Se as pessoas não estavam em casa, usávamos uma chave-mestra numa fechadura de porta comum [...]. Às vezes, as vítimas estavam em suas camas, dormindo. Isso pode parecer muito arriscado, mas na verdade era quase fácil [...]. A época de Natal era o nosso Papai Noel. As pessoas sempre tinham presentes valiosos espalhados por toda a casa. (AMX, p.157-8)

Embora tenham tido um sucesso inicial, o plano do bando de Malcolm era insano, plenamente de acordo com a sua mentalidade da época. Nesse momento da narrativa, percebe-se claramente que Haley conduziu o livro de maneira a enfocar o momento trágico da vida do biografado, podendo retratar explicitamente no livro as condições deploráveis da vida de Malcolm. Realizou esse procedimento, na narrativa, por meio da descrição dos crimes, a minúcia como

O X DE MALCOLM E A QUESTÃO RACIAL NORTE-AMERICANA **89**

eram feitos, a ousadia, a coragem dos gângsteres e, mais tarde, com o clímax da frustração pela prisão. Era óbvio que esse tipo de crime, organizado por um grupo de negros e com a presença de mulheres brancas, não daria certo por muito tempo. Primeiro, o apartamento em que Malcolm vivia estava tomado por roupas e toda a sorte de utensílios roubados das casas mais ricas de Boston. Aos poucos, a polícia e familiares de Sophia e a irmã dela foram se dando conta das anormalidades que rondavam Boston. A quadrilha de Malcolm desmoronou por causa da inocência de um relógio, como conta Haley:

> Eu tinha deixado um relógio roubado numa joalheria, para substituir o vidro quebrado. Quando fui buscar o relógio, dois dias depois, tudo desmoronou [...]. Descobri mais tarde que o perdedor do relógio, ou seja, o cara de quem o tínhamos roubado, descrevera o conserto que estava precisando. Era um relógio muito caro e fora por isso que eu decidira guardá-lo para mim. E todos os joalheiros de Boston haviam sido alertados. O judeu esperou que eu pagasse, antes de colocar o relógio em cima do balcão. Deu um sinal... e um camarada apareceu subitamente, dos fundos da loja, avançando em minha direção. Estava com uma das mãos metidas no bolso. Eu sabia que era um tira. Deu-me uma ordem: – Passe para os fundos. (AMX, p.162-3)

Todo o esquema montado por ele e pelos outros foi totalmente desfeito. Os destinos de Malcolm, Rudy e Shorty foram diferentes dos de Sophia e da irmã. O motivo? Haley assume o papel do racismo: eram brancas! E eles ainda tiveram de passar pela humilhação de, uma vez no tribunal, serem hostilizados por terem se metido com mulheres brancas. Descreve Haley:

> As duas mulheres tiveram uma fiança reduzida. Apesar de tudo, ladras ou não, eram brancas. No final de contas, o pior crime delas era o de terem se metido com negros. Mas a minha fiança e a de Shorty foi fixada em 10 mil dólares cada. Eles sabiam que jamais teríamos condições de levantar esse dinheiro. (AMX, p.164)

Haley enfatiza que a vida de criminoso de Malcolm terminava nesse instante. Os relatos extraídos de sua biografia tentam comprovar que a juventude de Malcolm foi dominada pela alienação, causada pelo vício em drogas e pela criminalidade. Parece-nos que Haley tem até aqui uma narrativa sinuosa, totalmente parcial a Malcolm, e muitas vezes, simplista, sem se interessar muito por outras explicações que não entrem nas questões racistas.

A vida na prisão e o advento da consciência radical

> *"Irmãos e irmãs, ninguém jamais saberá quem nós somos... até nós sabermos quem somos! Nunca seremos capazes de ir a qualquer lugar, se não soubermos onde estamos."*
>
> (Malcolm X apud Haley, 1965, p.263)

A partir de agora, passamos a analisar o desligamento de Malcolm do vício e da criminalidade em geral e o advento do que chamamos de "radicalização religiosa", período em que Malcolm foi totalmente obediente e doutrinado pelo islamismo da Nação do Islã, dirigida por Elijah Muhammad.

A sentença de Malcolm foi dada em fevereiro de 1946, quando ele estava por completar 21 anos. Foi confinado, inicialmente, em Charlestown, prisão estadual de Massachussetts. É bem provável que pelo fato de Malcolm ser negro, houve influência decisiva para a longa condenação de dez anos.

Descreve Haley sobre a vida de Malcolm no cárcere:

Como um peixe (a gíria da prisão para indicar um novo preso) em Charlestown, senti-me fisicamente desesperado e hostil como uma cobra venenosa, por ficar subitamente privado das drogas. As celas não tinham água corrente. A prisão fora construída em 1805, nos tempos de Napoleão, e ainda tinha o mesmo estilo da Bastilha.

O X DE MALCOLM E A QUESTÃO RACIAL NORTE-AMERICANA **91**

Na cela suja e pequena, eu podia deitar no catre e encostar as mãos nas duas paredes. O banheiro era um balde coberto. Por mais forte que um camarada seja, não dá para aguentar o cheiro das fezes da ala de prisão. [...] Ao sair da prisão, a mente tenta apagar a experiência. Mas não é possível. Tenho conversado com muitos homens que já estiveram na prisão. Sempre achei interessante verificar que muitos detalhes dos anos na prisão foram inteiramente apagados de nossas mentes. Mas, em todos os casos, pode-se descobrir uma coisa: um ex-preso jamais consegue esquecer as grades. (AMX, p.168)

Que tipo de reação no leitor Haley quer ao fazer esse tipo de descrição? Termos como "suja", "pequena", "cheiro das fezes" tentam levar o leitor a abominar as penitenciárias e talvez até a sentir pena de Malcolm. É possível que façamos a seguinte indagação após a leitura do fragmento: que tipo de experiência guarda um preso de sua cela? Qual é o papel das penitenciárias? Teoricamente, não seria o da reeducação? No caso de Malcolm, de fato a prisão funcionou como um novo aprendizado, mas parece-nos que ele é exceção, em meio às imagens que temos das prisões da atualidade, seja no Brasil ou nos Estados Unidos.

A situação de Malcolm na cadeia, inicialmente, conteve ainda traços de alienação, até o contato com o islamismo, como conta Haley:

Com algum dinheiro enviado por Ella, pude finalmente conseguir coisas melhores dos guardas da prisão. Arrumei baseados, Nembrutal, benzedrina. Contrabandear coisas para os presos era a atividade paralela dos guardas; qualquer homem que já esteve preso sabe que é assim que os guardas ganham a maior parte do seu sustento. Passei um total de sete anos na prisão. Agora, quando tento separar aquele primeiro ano e um pouco que passei em Charlestown, tudo se mistura numa recordação de noz-moscada e outras semidrogas, de xingar os guardas, lançar coisas para fora da cela, furar filas, deixar a bandeja cair no chão do refeitório, recusar a responder a meu número na chamada, alegando que havia esquecido, e coisas assim.

92   VLADIMIR MIGUEL RODRIGUES

> Eu preferia a solitária que esse comportamento invariavelmente me acarretava. Ficava andando de um lado para outro durante horas, como um leopardo enjaulado, a praguejar furiosamente para mim mesmo. Meus alvos prediletos eram a Bíblia e Deus. Havia um limite legal para o tempo em que os homens naquela ala de prisão arrumaram um apelido para mim: Satã. Por causa da minha atitude antirreligiosa. (AMX, p.168)

Haley conduz a narrativa para ressaltar a importância da religião na "salvação" de Malcolm. Teria ele sido pressionado pela Nação do Islã para adotar esse procedimento? Paradoxalmente, esse comportamento de Malcolm contrastaria com o que aconteceria dali para a frente, quando teria início um processo de realfabetização, e, principalmente, a conversão ao islamismo. Descreve Haley sobre o nível educacional de Malcolm na época: "Minha irmã Hilda sugerira-me numa carta que, se fosse possível, eu deveria estudar na prisão inglês e caligrafia; ela mal conseguira decifrar alguns cartões-postais que eu lhe enviara quando estava vendendo baseados às bandas em excursão" (AMX, p.169).

Haley conta que os estudos de inglês (copiava muitas palavras do dicionário, como forma de aprendizado e caligrafia) somados à amizade com outro prisioneiro, descrito como "sábio", Bimbi, introduziram em Malcolm uma novidade: a leitura. Parece-nos ser essa a principal alternativa para um preso conhecer a reeducação. Haley destaca que a reeducação de Malcolm foi feita, principalmente, pela doutrinação do islamismo negro dos Estados Unidos, a Nação do Islã, apresentada a Malcolm pelo seu irmão Philbert.

Haley descreve no livro que, rapidamente, mesmo sem conhecer de fato o que significava ser muçulmano, teve uma manifestação pré-islâmica:

> Quando a travessa de carne [de porco] me foi passada, eu nem mesmo sabia que carne era; geralmente não se podia mesmo saber qual era. Mas, subitamente, tive a sensação de que as palavras *não coma carne de porco* surgiram numa tela à minha frente. Hesitei com

O X DE MALCOLM E A QUESTÃO RACIAL NORTE-AMERICANA 93

a travessa em pleno ar [...]. Mais tarde, quando li e estudei o Islã, descobri que inconscientemente manifestara minha primeira submissão pré-islâmica. Eu havia experimentado, pela primeira vez, o ensinamento muçulmano: "Se você der um passo na direção de Alá, Alá dará dois passos em sua direção". (AMX, p.171)

Haley supervaloriza a importância do islamismo na vida de Malcolm, falando em "submissão pré-islâmica", "dar um passo em direção a Alá". Na prática, Malcolm e Alá deram inúmeros passos um em direção ao outro a partir desse momento. A transferência de Malcolm para outra penitenciária do mesmo Estado, a de Norfolk, só trouxe benefícios para a sua nova vida. Haley conta que essa prisão contava com uma vasta biblioteca, e Malcolm pôde estudar mais a fundo o islamismo e, ao mesmo tempo, adquirir hábitos impensados nos seus tempos de Harlem: parar com o fumo e as drogas. Haley destaca a redenção de Malcolm. Por esse lado, Haley tenta impor no leitor que não há como negar o papel fundamental da religião em refazer a vida de um indivíduo. Mas, por outro, devemos afirmar de maneira categórica, como veremos à frente, no caso de Malcolm, a religião o doutrinou de maneira radical.

Se, de um lado, ele passava a ter hábitos normais, sem vícios, começa, de outro, a adquirir uma conscientização de sua condição sociorracial. Haley conta que foi o seu irmão, Reginald, que lhe apresentou uma posição corrente da Nação do Islã: o ódio aos brancos. Constata Haley:

> Quando Reginald foi embora, deixou-me abalado com alguns dos primeiros pensamentos sérios que eu tivera na vida: que o homem branco estava perdendo rapidamente seu poder de oprimir e explorar o mundo negro; que o mundo negro estava começando a se elevar para dominar o mundo novamente, como já acontecera antes; que o mundo do homem branco estava a caminho do desmoronamento, a caminho da saída... – São eles Malcolm. O homem branco é o demônio. – Sem exceção? – perguntei. – Sem exceção nenhuma. (AMX, p.177)

A partir dessa conversa com Reginald, Malcolm passou a odiar os brancos, fossem eles ricos, pobres, membros do governo ou não. Converteu-se à Nação do Islã e passou a adotar o discurso dessa entidade como o seu modo de vida. Nesse instante, a narrativa de Haley desenrola-se mostrando as opiniões de Malcolm e da Nação do Islã sobre o comportamento dos brancos e sobre os seus conceitos de História, passagens que são extremamente importantes para entender a personalidade que Malcolm adquiriu ao sair da prisão:

> O verdadeiro conhecimento, aqui reconstituído muito mais sucintamente do que me foi explicado, era o de que a história havia sido "embranquecida" nos livros de história do homem branco e que o homem preto sofrera "uma lavagem cerebral por centenas de anos". O Homem Original era preto, no continente chamado África, onde a raça humana surgira no Planeta Terra. O homem preto, o original, construíra grandes impérios, civilizações e culturas, enquanto o homem branco ainda estava vivendo de quatro em cavernas. "O demônio do homem branco", ao longo da história, movido por sua natureza demoníaca, saqueara, assassinara, violentara e explorara todas as raças de homens que não a branca. O maior crime da história humana era o tráfico de carne preta, quando o demônio branco fora para a África, assassinara, sequestrara, a fim de levar para o Ocidente, acorrentados, em navios negreiros, milhões de homens, mulheres e crianças pretos, que eram tratados, espancados e torturados como escravos. O demônio homem branco isolava os pretos de todo e qualquer conhecimento de sua própria espécie, de todo e qualquer conhecimento sobre sua própria língua, religião e cultura passada, até que o homem preto na América se tornara a única raça da terra que não tinha absolutamente nenhum conhecimento de sua verdadeira identidade. Em uma geração, as mulheres pretas escravas na América haviam sido estupradas pelo homem branco escravista, até que começara a emergir uma raça doméstica, criada pelo homem branco, submetida a uma lavagem cerebral, que nem mesmo era mais de sua verdadeira cor, que nem mesmo sabia mais seus verdadeiros nomes de família. (AMX, p.177)

O X DE MALCOLM E A QUESTÃO RACIAL NORTE-AMERICANA   95

Por um lado, parece-nos que Malcolm não tinha opinião própria, sendo totalmente submisso às novas ideias que lhe eram impostas. E ideias que de fato eram radicais. Malcolm simplesmente aceitou tudo o que lhe disseram, sem ao menos tentar contestar ou perguntar os motivos para aqueles dizeres. Por outro lado, parece-nos que a crítica de Malcolm ao tráfico negreiro faz sentido quando relacionamos a saída forçada de cerca de dez milhões de africanos de seu território de origem e a ida para a América com a atual pobreza do continente. É bem provável que a origem da pobreza africana está no tráfico negreiro e depois, um pouco mais tarde, no neocolonialismo que o continente sofreu no final do século XIX por parte das potências europeias.

O senhor de escravos impunha o seu próprio nome de família a essa raça mista, nascida pelo estupro, a que ele passou a chamar de "o negro". Ensinavam a esse "negro" que sua África natal era povoada por selvagens pretos pagãos, que se balanceavam das árvores como macacos. Esse "negro" aceitava essa alegação, assim como todas as outras alegações do senhor de escravos, visando a fazê-los acatar, obedecer e idolatrar o homem branco. Enquanto as religiões de todos os povos da terra falavam a seus crentes de um Deus com quem podiam se identificar, um Deus que pelo menos se parecia com um dos seus, o senhor de escravos incutia sua religião "cristã" ao negro. O "negro" era ensinado a cultuar um Deus estranho, com os mesmos cabelos louros, pele clara e olhos azuis de seu senhor de escravos. A religião ensinava ao "negro" que o preto era uma maldição. Ensinava-o a odiar tudo o que era preto, inclusive a si próprio. Ensinava que tudo que era branco era bom, devia ser admirado, respeitado e amado. O "negro" levava uma lavagem cerebral para pensar que seria superior se sua pele mostrasse mais da poluição branca do senhor de escravos. Essa religião cristã do homem branco iludiu e fez uma lavagem cerebral ainda maior do "negro", levando--o sempre a virar a outra face, sorrir, a rastejar, se humilhar, cantar e rezar, aceitar tudo o que lhe era dado como lambugem pelo demônio homem branco; era ensinado a procurar seu paraíso na vida depois da morte, enquanto aqui na Terra o senhor de escravos homem branco desfrutava esse mesmo paraíso. (AMX, p.177)

Fica evidente que Haley incorporou as ideias radicais de Malcolm, enfatizando a ira dele em relação ao homem branco. Em relação à visão que Malcolm tem do tráfico negreiro e da colonização, é possível afirmar que é uma perspectiva entendível, mas ao mesmo tempo extremamente radical. Malcolm chegou a afirmar que "mais de 115 milhões de pretos africanos, aproximadamente a população dos Estados Unidos em 1930, foram assassinados ou escravizados durante o tráfico de escravos" (AMX, p.191).

Esse número é absurdo, muito superior aos apresentados pela historiografia tradicional, que fala em algo em torno de 10 a 12 milhões de pessoas, conforme colocamos aqui anteriormente. No entanto, é notório que as condições de vida dessas pessoas e a forma como seriam tratados na América seriam as piores possíveis.

O escritor uruguaio Eduardo Galeano (2009), no seu texto "Espelhos brancos para caras negras", tenta mostrar que, desde o início da colonização, o choque entre europeus e índios consagrou a visão de inferioridade entre brancos e não brancos a ponto de os espanhóis imporem aos indígenas que a pele destes era desprezível:

> Séculos depois, nos nossos dias, a indústria de cosméticos oferece melhores produtos. Na cidade de Freetown, na costa ocidental da África, um colunista explica: "branqueando a pele, as mulheres têm melhores possibilidades de arranjar um marido rico". Freetown é a capital de Serra Leoa. De acordo com dados oficiais da Serra Leoa Pharmaceutical Board, o país importa legalmente 26 variedades de cremes embranquecedores. Outros 150 entram por meio do contrabando. A revista estadunidense *Ebony*, de impressão luxuosa e ampla circulação, se propõe a celebrar os triunfos da raça negra nos negócios, na política, na carreira militar, nos espetáculos, na moda e nos esportes. De acordo com as palavras de seu fundador, a *Ebony* "quer promover os símbolos de êxito na comunidade negra dos Estados Unidos, com o lema: eu também posso triunfar". A revista

publica poucas fotos de homens. Entretanto, existem inúmera fotos de mulheres. Lendo a edição de abril deste ano, contei 182. Dessas 182 mulheres negras, somente 12 possuíam cachos africanos e 170 deixavam o cabelo escorrido. A derrota do cabelo crespo – "o cabelo ruim", como tantas vezes escutei – era obra de cabeleireiros ou milagre de algum creme. Os produtos alisadores de cabelo ocupavam a maior parte do espaço de publicidade dessa edição [...]. Impressionou-me advertir que um dos remédios contra o cabelo africano se chama, precisamente, *African Pride* (orgulho negro) e, de acordo com a propaganda, "alisa e suaviza como nenhum outro". "Parece negro" ou "parece índio" são insultos frequentes na América Latina; e "parece branco" é, frequentemente, um elogio. A mistura com sangue negro ou índio "atrasa a raça"; a mescla com sangue branco "melhora a espécie".

Se Malcolm lesse o texto de Eduardo Galeano, com certeza, estaria plenamente de acordo, afinal na sua juventude pintava o cabelo para "parecer branco". A análise de Galeano pode ir além do continente africano, podendo ser aplicada dentro da sociedade brasileira, por exemplo. Até que ponto mulheres negras brasileiras alisam seus cabelos para ficarem mais próximas do cabelo das mulheres brancas e esconderem a sua ancestralidade?

A chamada democracia racial se reduz, basicamente, a uma pirâmide social: o cume é branco, ou então supõe ser branco, e a base tem cor escura. Da revolução em diante, Cuba é o país latino-americano que mais fez contra o racismo. Até seus inimigos reconhecem, e, às vezes, a reconhecem lamentando. Ficaram definitivamente para trás os tempos em que os negros não podiam banhar-se nas praias privadas ("pois tingiriam a água"). Todavia, os negros cubanos enchem as celas e brilham pela ausência nas telenovelas, a não ser para representar papéis de escravos ou criados. Uma pesquisa, publicada em dezembro de 1998 pela revista colombiana *América Negra*, revela que o preconceito racial sobrevive na sociedade cubana, apesar desses 40 anos de mudança e progresso. E os preconceitos sobrevivem, sobretudo, entre suas próprias vítimas: em Santa Clara, três de cada dez negros jovens consideram que os negros são menos inteligentes que os brancos; e em Havana, quatro de cada dez negros de todas as idades creem que são intelectualmente inferiores. "Os negros sempre se preocuparam pouco com o estudo", disse um negro. Três séculos e meio de escravidão deixaram uma herança pesada e persistente. (Galeano, 2009)

O texto de Galeano está em total consonância com os relatos de Haley na biografia. Tudo aquilo que era relativo ao negro era simplesmente ruim. Tanto que, no Brasil, essa perspectiva vem sendo adotada desde a época da escravidão, quando as religiões africanas foram simplesmente proibidas em regiões no Nordeste, como é o caso do candomblé. Uma prova dessa perspectiva, na atualidade, é a expressão corrente da língua portuguesa "magia negra", em referência às religiões praticadas pelos negros, cuja impressão era a de algo que trouxesse maldade a quem estivesse por perto.

Enfim, "negro", de fato, tornou-se um adjetivo depreciativo para muitas palavras, e, por extensão, essa visão trouxe um impacto fulminante para a vida dos afro-americanos. Haley tentou comprovar essa ideia quando, por exemplo, mostrou, em inúmeras oportunidades, que as únicas profissões a que os negros tinham que se sujeitar eram os ofícios manuais, pois estavam próximos e acostumados às funções de um escravo. Dessa forma, outras atividades intelectuais que os negros poderiam alcançar, como medicina, direito e engenharia, foram simplesmente bloqueadas pelos brancos racistas que tentaram, de todas as maneiras, impedir o acesso da população negra às universidades. Portanto, os negros não tinham acesso a essas profissões não por incapacidade intelectual, mas por negação de parte da sociedade branca que governava as instâncias políticas e econômicas.

Outra perspectiva de Malcolm, consagrada por Haley no livro, é a sua visão sobre o cristianismo, já evidenciada aqui. Em seu último ano como detento, já doutrinado pelo islamismo, voltou à prisão de Charlestown e teve a oportunidade de fazer um curso sobre a Bíblia. Segue a passagem do livro sobre esse episódio:

O X DE MALCOLM E A QUESTÃO RACIAL NORTE-AMERICANA   **99**

Quem dirigia o curso era um estudante do Seminário de Harvard, alto, louro, de olhos azuis (um perfeito "demônio"). Finalmente, levantei a mão. Ele assentiu. Estava falando sobre Paulo. Levantei e perguntei: – De que cor era Paulo? – E continuei a falar, com pausas: – Ele devia ser preto... porque era um hebreu... e os hebreus originais eram pretos... não é mesmo? Ele tinha começado a ficar vermelho. Todos sabem como os brancos ficam quando estão embaraçados. E acabou balbuciando: – É sim... Mas eu ainda não havia acabado. – De que cor era Jesus... ele também era hebreu... não é mesmo? Tanto os presos pretos como os brancos estavam rígidos, tensos. Não importa quão duro seja o condenado, não importa que seja um preto cristão submetido à lavagem cerebral ou branco cristão "demônio", nenhum deles está preparado para ouvir alguém dizer que Jesus não era branco. O instrutor encontrou um meio de contornar a coisa. Não deve ter-se sentido muito constrangido. Em todos os anos desde então, jamais conheci algum homem branco inteligente que tentasse insistir na tese de que Jesus era branco. E como poderiam? O instrutor respondeu: – Jesus era pardo. Deixei-o livrar-se do problema com essa concessão. (AMX, p.203)

A visão que Malcolm tem de Jesus é próxima à perspectiva adotada pela antropologia atual, que, em geral, classifica Jesus como "pardo", "árabe". Afinal, se ele nasceu na Palestina, no Oriente Médio, conforme dizem os Evangelhos, não há como afirmar, por meio de fatos geográficos e antropológicos, que ele seja branco como um europeu caucasiano. Existem controvérsias, aliás, sobre a origem do próprio povo hebreu. Segue a origem desse povo, extraído de Scheindlin (2003, p.26):

Mas de onde vinha o povo do Reino Israelita? Sobre esta pergunta, as fontes de informações são vagas. A mais antiga e clara referência aos israelitas, fora da Bíblia, é uma inscrição egípcia datada em torno de 1220 a.C., comemorando a vitória do faraó egípcio Mineptah sobre eles e diversos outros povos na terra Canaã. Mas as origens dos israelitas e a história subsequente, indo até o estabelecimento da Monarquia, são obscuras [...]. Os registros não bíblicos declaram que o início do segundo milênio a.c. presenciou ondas de imigração de povos seminômades, conhecidos como semitas ocidentais e amoritas, para a Mesopotâmia – a região dos rios Tigres e Eufrates, correspondendo ao atual Iraque e à Síria Oriental – e para Canaã. Esses povos foram provavelmente os ancestrais tanto dos aramaicos, que se firmaram na porção norte de Canaã – correspondendo atualmente à atual Síria Oriental –, quanto dos israelitas, que se fixaram na parte sul – correspondendo aproximadamente a atual Israel. Os imigrantes estavam etnicamente relacionados aos cananeus nativos, cuja língua e cultura adotaram [...]. Esses povos marginais também podiam ser encontrados na Mesopotâmia e no Egito; ali, eram conhecidos como Habiru ou Apiru. Estes nomes, que não designam um grupo étnico ou clã e sim, uma classe social, talvez estejam na origem do termo "hebreu", que a Bíblia vincula a Abraão.

A partir do relato, os hebreus, habitantes da região hoje denominada Oriente Médio, também poderiam ser classificados como uma população não branca. O próprio autor do fragmento, judeu, Raymond P. Scheindlin aponta as obscuridades do surgimento do povo hebreu. Dessa maneira, Haley tenta polemizar em relação à imagem de Cristo imposta para o Novo Mundo, a de um Jesus branco, louro e de olhos azuis. Parece-nos que essa questão, apesar de ser enfatizada na biografia, é menor em relação a outras posições pitorescas da Nação do Islã, como a que vem a seguir.

A Nação do Islã, da qual Malcolm foi fervoroso adepto durante muitos anos, tinha concepções peculiares sobre vários temas polêmicos da humanidade. Um deles fica muito explícito no texto biográfico, que é a questão de como o homem branco chegou ao planeta Terra. A hipótese, na qual Malcolm acreditou durante certo tempo, foi explicada a ele por meio de sua irmã Hilda, a chamada "História de Yacub":

O X DE MALCOLM E A QUESTÃO RACIAL NORTE-AMERICANA 101

Elijah Muhammad ensinava a seus seguidores que, primeiro, a Lua havia se separado da Terra. Depois, surgiram os primeiros humanos, o Homem Original, eram homens pretos. Tinham fundado a cidade santa de Meca. Entre essa raça preta, havia 24 sábios cientistas. Um dos cientistas, em disputa com os outros, criou a tribo preta especialmente forte de Shabazz, da qual descendiam os chamados negros da América. Há cerca de 6600 anos, quando 70 por cento das pessoas estavam satisfeitas e 30 por cento insatisfeitas, entre as insatisfeitas nasceu um certo "Sr. Yacub". Ele nasceu para criar problemas, para acabar com a paz e matar. Sua cabeça era anormalmente grande. Entrou para a escola quando tinha quatro anos de idade. Aos 18 anos, Yacub já tinha cursado todos os colégios e Universidades de sua nação. Era conhecido como "o cientista de cabeça grande". Entre muitas outras coisas, ele aprendera como procriar raças cientificamente. Esse cientista de cabeça grande, Sr. Yacub, começou a pregar nas ruas de Meca, fazendo tantos convertidos que as autoridades, cada vez mais preocupadas, finalmente exilaram-no com 59.999 seguidores para a ilha de Patmos, descrita na Bíblia como a ilha em que João recebeu a mensagem contida no Livro do Apocalipse, do Novo Testamento. (AMX, p.179)

Não é preciso muito para chamar essa narrativa de simplesmente "absurda", pelo seu altíssimo grau de fantasia e desconexões históricas. De fato, a ilha de Patmos existe, faz parte do território grego e está situada no Mar Egeu.

Haley enfatiza a absurda narrativa:

Embora fosse um homem preto, o Sr. Yacub, agora amargurado com Alá, decidiu como vingança criar sobre a Terra uma raça demoníaca, uma raça de gente descorada, de homens brancos. Por seus estudos, o cientista de cabeça grande sabia que os homens pretos possuíam dois germes, preto e pardo. Sabia também que o germe pardo permanecia adormecido, por ser o mais fraco, como o mais claro. O Sr. Yacub, para desequilibrar a lei da natureza, concebeu a ideia de usar o que hoje conhecemos como a estrutura de genes

102 VLADIMIR MIGUEL RODRIGUES

recessivos, a fim de separar os dois germes, preto e pardo, enxertando em seguida o germe pardo a estágios cada vez mais claros e fracos. Sabia que os humanos resultantes seriam, na medida em que se tornassem mais claros e fracos, progressivamente mais sujeitos ao mal. E dessa maneira ele finalmente alcançaria a tencionada raça branca descorada de demônios. Ele sabia que precisaria de vários estágios de mudança de cor para passar do preto ao branco. O Sr. Yacub começou seu trabalho instituindo uma lei eugênica na ilha de Patmos. Entre os 59.999 seguidores inteiramente pretos do Sr. Yacub, cada terceiro filho que nascia apresentava algum vestígio de pardo. Quando eles ficaram adultos, só se permitia o casamento de pardo com pardo ou de pardo com preto. Quando os filhos deles nasciam, a lei do Sr. Yacub determinava que, se a criança fosse preta, a enfermeira ou parteira devia enfiar uma agulha em seu cérebro e entregar o corpo para cremação. As mães eram informadas que nascera um "bebê anjo", que partira para o paraíso a fim de preparar o seu lugar lá. Mas a mãe de uma criança parda era avisada de que devia tomar muito cuidado com seu filho. (AMX, p.179-80)

Com base nos relatos sobre Patmos, fantasiar que o local teria sido o responsável pelo surgimento da raça branca da maneira como Malcolm acreditou é simplesmente motivo de piada e chacota. À luz das teorias criacionista e evolucionista, tal premissa soa como ridícula.

O Sr. Yacub preparou assistentes para continuarem a trabalhar por seus objetivos. Ao morrer na ilha, aos 152 anos de idade, o Sr. Yacub deixou leis e regulamentos para que eles seguissem. Segundo os ensinamentos do Sr. Elijah Muhammad, o Sr. Yacub nunca viu, exceto em sua mente, a raça descorada demoníaca que criou com seus métodos, leis e regulamentos. Foi preciso um prazo de 200 anos para eliminar da ilha de Patmos todas as pessoas pretas. Finalmente só havia pessoas pardas. Os 200 anos seguintes foram necessários para passar da raça parda para a raça vermelha. Não restou mais nenhuma pessoa parda na ilha. Em outros 200 anos, passou da raça

O X DE MALCOLM E A QUESTÃO RACIAL NORTE-AMERICANA **103**

vermelha para a raça amarela. E 200 anos depois a raça branca estava finalmente criada. Na ilha de Patmos não havia mais ninguém além desses demônios louros, de pele clara, olhos azuis frios, selvagens, nus e desavergonhados. Cabeludos como animais, eles andavam de quatro e viviam nas árvores. Mais 600 anos se passaram antes que essa raça de gente voltasse ao continente, onde viviam as pessoas pretas naturais. O Sr. Elijah Muhammad ensina a seus seguidores que, no prazo de seis meses, através de mentiras que lançaram os homens pretos a guerrearem entre si, essa raça demoníaca transformara o que fora antes um paraíso pacífico na terra num inferno abalado por conflitos e lutas. Mas finalmente os homens pretos originais reconheceram que seus súbitos problemas derivaram daquela raça branca demoníaca que o Sr. Yacub tinha criado. Cercaram os homens brancos, acorrentaram-nos. Com pequenas tangas para cobrir sua nudez, a raça demoníaca foi levada através do deserto arábico para as cavernas da Europa. A pele de cordeiro usada na Maçonaria hoje é simbólica de como a nudez do homem branco foi coberta quando ele foi acorrentado e levado pela areia quente. (AMX, p.180-1)

Essa narrativa mostra o quanto a religião que tirou Malcolm do vício foi, ao mesmo tempo, responsável por ele ter um pensamento radical e, até certo ponto, ser uma pessoa dominada pelas opiniões de Elijah Muhammad, posição que será mais bem visitada à frente.

O Sr. Elijah Muhammad ensina ainda que a raça branca demoníaca levou uma vida selvagem nas cavernas da Europa. Os animais tentaram matar o homem branco. Ele subiu nas árvores fora das cavernas, fez porretes, tentando proteger sua família das bestas selvagens que estavam querendo devorá-la. Depois que essa raça demoníaca tinha passado dos mil anos nas cavernas, Alá criou Moisés para civilizá-la, tirá-la das cavernas. Estava escrito que essa raça branca demoníaca dominaria o mundo por seis mil anos. Os Livros de Moisés estão perdidos. É por isso que não se sabe que ele esteve nas cavernas. Quando Moisés chegou, os primeiros desses demônios a aceitarem seus ensinamentos, os primeiros que ele tirou das cavernas, foram os que hoje chamamos de judeus. Segundo os ensinamentos dessa "História de Yacub", quando a Bíblia diz que "Moisés elevou a serpente do ermo", a serpente representa a raça branca demoníaca que Moisés tirou das cavernas da Europa, ensinando-lhe a civilização. Estava escrito que depois que a raça branca descorada de Yacub dominasse o mundo por seis mil anos, até os nossos tempos, a raça preta original não daria nascimento àquele cuja sabedoria, conhecimento e poder seriam infinitos. Estava escrito que algumas das pessoas pretas originais seriam levadas como escravas para a América do Norte, a fim de aprender a melhor compreender, em primeira mão, a verdadeira natureza do demônio branco, nos tempos modernos. (AMX, p.181)

Haley afirma que Malcolm só a ultrapassou quando, ao conhecer *in loco* a cultura islâmica, relatou que:

[...] iria descobrir mais tarde que as histórias de Elijah Muhammad, como essa de "Yacub", enfureciam os muçulmanos do Oriente. Quando estive em Meca, lembrei-lhes que a culpa era deles, pois não haviam feito o suficiente para tornar o verdadeiro Islã conhecido no Ocidente. (AMX, p.182)

Essa perspectiva de subordinação de Malcolm à Nação do Islã e a Elijah Muhammad ficou evidente quando ele saiu da prisão na primavera de 1952, depois de sete anos de cárcere. Dyson (1995, p.54) afirma a respeito da subserviência de Malcolm: "Wolfenstein analisa igualmente a carreira de Malcolm na qualidade de jovem profeta fervoroso e porta-voz público de Elijah Muhammad, revelando as necessidades psíquicas e sociais às quais as promessas de Malcolm serviram".

Haley afirma que, depois de sair da penitenciária, Malcolm foi diretamente para Detroit, no Michigan, onde morou com o irmão Wilfred e trabalhou, inicialmente, em uma loja de móveis. Naquela época, teve o primeiro encontro de uma relação de altos e baixos

O X DE MALCOLM E A QUESTÃO RACIAL NORTE-AMERICANA 105

de mais de dez anos com o principal líder da Nação do Islã, Elijah Muhammad, marcada por uma total subordinação e admiração de Malcolm ao líder dos muçulmanos negros dos Estados Unidos. Haley afirma sobre uma pregação feita no templo muçulmano:

> Ah, esse homem pequeno, suave e gentil! O honrado Elijah Muhammad, que neste momento está ensinando a nossos irmãos e irmãs em Chicago! É o Mensageiro de Alá, o que o torna o mais poderoso homem preto da América! Por vocês e por mim, ele sacrificou sete anos de sua vida a fugir dos repulsivos hipócritas, passou outros três anos e meio numa prisão! Foi metido lá pelo demônio homem branco! O demônio homem branco não está querendo que Elijah Muhammad desperte o gigante adormecido que existe em mim e vocês, em todos os nossos irmãos ignorantes vítimas da lavagem cerebral, que aqui vivem, neste lugar que é o paraíso do homem branco e o inferno do homem preto, aqui nesta selva e deserto que é a América do Norte! Tenho passado muito tempo sentado aos pés do nosso Mensageiro, ouvindo a verdade de seus lábios! Tenho suplicado de joelhos a Alá para que revele ao homem branco os crimes que ele cometeu e ao homem preto os ensinamentos do Venerável Elijah Muhammad. Não me importo se isso pode me custar a vida. (AMX, p.222)

Mais tarde, ele ainda contemplou: "Eu era o seu servidor mais fiel e sei hoje que acreditava nele mais firmemente do que o próprio Elijah Muhammad acreditava em si mesmo. Nos anos que teria pela frente, eu iria enfrentar uma terrível crise psicológica e espiritual" (AMX, p.222).

A descrição da reverência e jocosidade de Malcolm, feita por Haley, enfatiza como ele louvava Elijah, considerando-o como praticamente um "pai", uma nova representação de Maomé. Elijah era o mestre espiritual de Malcolm, que tornou-se seu interlocutor. As palavras pronunciadas por Elijah ressoavam pela voz de Malcolm em todos os lugares em que fosse professar a fé islâmica. Isso nos mostra que, embora Malcolm tivesse deixado de ser uma pessoa

106   VLADIMIR MIGUEL RODRIGUES

alienada, dominada pelas drogas, tornou-se novamente, nesse estágio de religiosidade radical, uma pessoa dominada, mas agora por Elijah Muhammad e pela Nação do Islã, a qual lhe impôs um modo de vida e uma nova forma de se expressar. Embora ele tenha se tornado uma pessoa de personalidade extremamente crítica e de posicionamentos radicais em relação aos brancos, como vimos em alguns fragmentos do livro, esses posicionamentos foram, em geral, muito influenciados pela doutrinação da Nação do Islã, a qual já havia dado a Malcolm o título de ministro-assistente do templo de Detroit. Pelo menos, parece-nos que essa é a perspectiva que Haley consagra na biografia. Depois da comprovação do envolvimento da Nação do Islã na morte de Malcolm, teria Haley escrito o mesmo texto louvando Elijah Muhammad?

Malcolm teve uma carreira meteórica dentro da organização. De ex-detento passou rapidamente para respeitado ministro, reconhecido pelo seu poder de persuasão em suas falas em público. Como membro da Nação do Islã, Malcolm recebeu uma espécie de benção em seu nome, um novo batismo, o seu sobrenome Little foi substituído pelo "X", como ressalta Haley na biografia:

> É claro que meu pedido de inscrição na Nação do Islã já tinha sido feito. Nessa ocasião, recebi de Chicago o meu nome "X". O "X" de um muçulmano simbolizava o seu verdadeiro nome de família africano, que ele jamais poderia conhecer. Para mim, o "X" substituía o nome de senhor de escravos brancos "Little", que algum demônio de olhos azuis impusera aos meus antepassados paternos. O "X" significa que dali por diante eu seria sempre conhecido na Nação do Islã como Malcolm X. Muhammad ensinava que manteríamos esse "X" até que o próprio Deus voltasse e nos desse um Santo Nome de Sua própria boca. (AMX, p.212)

Haley mostra que o novo Malcolm, agora "X", completava a sua total transformação propiciada pelo islamismo negro. O seu X simbolizava o fim de um ciclo, de ex-ignorante, ex-detento, ex--marginal. Era como se colocasse um X em toda a alienação que

O X DE MALCOLM E A QUESTÃO RACIAL NORTE-AMERICANA **107**

havia na sua vida. Agora com novo nome e até nova aparência, pois a vida na cadeia dera a ele a barba e o cabelo sem os "alisamentos de um branco" de sua juventude. Pouco mais tarde, ele também começaria uma vida conjugal, com uma companheira muçulmana, Betty, mãe de suas quatro filhas. A vida de ministro islâmico deu grande visibilidade a Malcolm. Suas pregações aos poucos foram contabilizando cada vez mais novos fiéis às fileiras da Nação do Islã. Na época, os Estados Unidos contavam com uma população negra de algo em torno de 22 milhões de pessoas (AMX, p. 218).

A biografia de Haley enfatiza a redenção do novo Malcolm e como ele iniciava sua pregação, sempre marcada pelo louvor a Elijah: "Deus concedeu ao Sr. Muhammad uma verdade afiada. É como uma espada de dois gumes. Penetrava na gente, causava uma dor intensa. Mas se puderem aceitar a verdade, irá curá-los e salvá-los do que seria, em caso contrário, a morte certa" (AMX, p.215). Percebe-se, nesse momento, que o Malcolm de Haley tem uma trajetória heroica, de traficante alienado e quase morte, para um detento que cumpriu sua pena na penitenciária e suas obrigações para com a sociedade e, agora livre, passa a se tornar uma pessoa de respeito na sociedade, prestes a se tornar grande líder de seu grupo.

As pregações de Malcolm, nos templos muçulmanos, deram-nos mostras mais do que claras do seu posicionamento radical perante o homem branco. Ao passo que colocava a culpa no homem branco pela decadência das comunidades negras, Malcolm frequentava os guetos das grandes cidades em busca de novos adeptos, prática que ele chamou de "pescaria", que, em poucos anos, aumentou significativamente o número de adeptos da Nação do Islã.

Por volta de 1953, quando Malcolm era um sujeito respeitado dentro da comunidade islâmica no plano nacional, o movimento pelos direitos civis tomava corpo no país. E a Nação do Islã e Malcolm, a partir de seus discursos, serão figuras proeminentes nessa questão do movimento negro.

Um episódio, em especial, no ano de 1959, colocou-os definitivamente no mapa, de acordo com a visão de Haley. Já morando no Harlem, que na época era o principal centro da Nação do Islã,

108 VLADIMIR MIGUEL RODRIGUES

Malcolm presenciou um enfrentamento da polícia com alguns negros que presenciavam uma briga no bairro, como confirmou Haley:

> O irmão Johnson Hinton foi atacado e agredido com os cassetetes. Abriram-lhe o couro cabeludo. Apareceu um carro da polícia e o levou para uma delegacia próxima [...]. E com alguns telefonemas, em menos de meia hora estavam reunidos cerca de 50 homens do Fruto do Islã do Templo Sete, parados em formação diante da delegacia [...]. Os policiais estavam nervosos, começando a ficar assustados com a multidão agrupada lá fora [...]. Uma alta autoridade policial veio ao meu encontro, dizendo: – Tire essa gente daqui! [...] Depois que os médicos garantiram que o irmão Hinton estava recebendo os melhores cuidados médicos, dei a ordem e os muçulmanos foram embora. (AMX, p.246)

Essa passagem da biografia nos mostra como Haley quer mostrar Malcolm: um grande líder de massas, descrito como responsável pelo comportamento de centenas de pessoas. Lomax (apud Dyson, 1995, p.39) destaca a importância de Malcolm no resgate do "orgulho negro": os "muçulmanos negros chegaram ao poder durante um interregno moral"; Malcolm "traz sua mensagem de importância e dignidade para uma classe de negros que tinham tido pouca, ou nenhuma, razão para se sentirem orgulhosos de si mesmos como raça ou como indivíduos".

O episódio no Harlem, de acordo com Haley, foi fundamental para atrair o interesse da mídia pelos "muçulmanos negros". Desde então, Malcolm e a Nação do Islã passaram a ser expostos na grande mídia, e ele passou a conceder entrevistas e participar de *talk shows* e palestras pelo país. Perguntaram a ele, certa vez:

> – Sr. Malcolm X, por que prega a supremacia negra e o ódio? [...] O homem branco culpado, de duas caras, não consegue determinar o que ele quer. Nossos antepassados escravos teriam sido executados se defendessem a suposta "integração" com o homem branco.

O X DE MALCOLM E A QUESTÃO RACIAL NORTE-AMERICANA **109**

Agora, quando o Sr. Muhammad prega a "separação", o homem branco nos chama de "pregadores do ódio" e "fascistas" [...]. O homem branco perguntar ao homem preto se ele o odeia é a mesma coisa que o estuprador perguntar ao estuprado ou o lobo perguntar ao cordeiro: "Você me odeia?" O homem branco não tem moral para acusar ninguém de ódio. (AMX, p.249)

Foram inúmeras as respostas ásperas de Malcolm para a mídia. E, por um bom tempo, ele carregava a oratória inflamada, o louvor a Elijah Muhammad e a metralhadora disparada em direção a toda comunidade branca cristã, sem exceção: provas de um radicalismo puro. Dyson (1995, p.48) afirma que Malcolm tornou-se o representante de uma nova moral dentro da Revolução Negra: "sua insistência em considerar Malcolm como uma figura fundamental no desenvolvimento de rejeições nacionalistas e negras das tradições culturais brancas, das práticas econômicas, e das instituições religiosas".

Em um excerto da biografia, também fica evidente uma ideia muito controversa e polêmica que a Nação do Islã e Malcolm propagandearam: a criação de um Estado negro dentro dos Estados Unidos. Em um contexto marcado pela tentativa de integração entre brancos e negros, Malcolm foi à imprensa várias vezes discursar pela criação do Estado negro, mas sempre enfatizando as diferenças entre separar e segregar, como conta Haley:

E a única maneira de os pretos enredados nessa sociedade se salvarem é não se integrarem numa sociedade corrompida, mas sim se separarem, para uma terra nossa, em que possamos nos reformar, elevar nossos padrões morais e tentar sermos piedosos. Cada vez que eu falava em "separação", alguns clamavam que os muçulmanos estavam defendendo as mesmas coisas por que se batiam os racistas e demagogos brancos. Eu tratava de explicar a diferença: "Nada disso! Rejeitamos a segregação ainda mais veementemente do que vocês dizem que o fazem! Queremos a separação, que não é a mesma coisa! O Venerável E. Muhammad ensina que a segregação ocorre quando

110   VLADIMIR MIGUEL RODRIGUES

sua vida e liberdade estão controladas e reguladas por outras pessoas! Segregar significa controlar. Segregação é o que superiores impõem a inferiores. Mas separação é o que se faz voluntariamente, por pares iguais... e para o bem de ambos... E o homem branco estará sempre controlando nossas vidas, regulando nossas vidas, terá sempre o poder de nos segregar". (AMX, p.257)

Como afirmamos anteriormente, os Estados do Sul possuíam um complexo código de leis, as chamadas "Leis Jim Crow", que segregavam os negros, proibidos, por exemplo, de frequentar os mesmos espaços públicos que os brancos, sem contar a negativa do voto, que era sempre dificultado aos negros. Essa tentativa de criar um Estado negro independente nos Estados Unidos não saiu do plano das ideias, pois nunca foi levado a sério nem pelos próprios membros da Nação do Islã. Estaria localizado em algum lugar ao sul do país, local de maior concentração da população afro- -americana. Haley não enfatiza essa questão. Teria feito isso para distanciar do seu personagem Malcolm a ideia de separatismo? Possivelmente sim.

Enquanto o debate sobre a integração dos negros e a luta pelos direitos civis aumentavam a cada dia, Malcolm dava sequência às suas pregações e palestras pelos Estados Unidos. Na época, o mais respeitado líder negro do país era Martin Luther King Jr., pastor batista, cujas principais ideias caminhavam em direção completamente contrária de Malcolm X. O texto biográfico ressalta, categoricamente, que os dois principais nomes do movimento negro da época estavam com um discurso divergente. Haley confirmou os posicionamentos radicais de Malcolm:

Não façam a ninguém nada que não queiram que façam a vocês. Procurem a paz e jamais sejam o agressor... mas se alguém os ata- car, não lhes ensinemos a oferecerem a outra face. Que Alá possa abençoá-los para que sejam bem-sucedidos e vitoriosos em tudo que o façam. (AMX, p.226)

Haley também ressaltou as declarações ácidas de Malcolm contra a comunidade negra não muçulmana:

> O Pai Tomás de hoje não usa um lenço na cabeça. Esse moderno Pai Tomás do século XX muitas vezes usa uma cartola. É geralmente bem-vestido e educado. Frequentemente, é a própria imagem da cultura e refinamento. O Pai Tomás do século XX às vezes fala com sotaque de Yale ou Harvard. Às vezes é conhecido como Professor, Doutor, Juiz e Reverendo, até mesmo como o Reverendo Doutor. Esse Pai Tomás do século XX é um negro profissional... e sua profissão é a de ser um negro para o homem branco... – Corpos pretos com cabeças brancas. (AMX, p.256)

O discurso contra setores da própria comunidade negra fez com que Malcolm X ganhasse mais inimigos, agora seus próprios "irmãos". O discurso do Malcolm de Haley parece demasiado radical. Seria, então, Barack Obama o pai Tomás do século XXI? Não é por acaso que hoje em dia negros de renome na sociedade americana possuem quadros de Martin Luther King, e não de Malcolm X, em seus escritórios e casas.

Quando se analisam os dois últimos excertos do livro, percebemos que o Malcolm de Haley explicitou a crítica a Martin Luther King Jr. Em primeiro lugar, no plano da titulação, King era um sacerdote batista, bacharel em Sociologia e doutor em Filosofia, conhecido mundialmente por seu refinamento e educação, principalmente após ganhar o Prêmio Nobel da Paz em 1964. Em segundo lugar, o discurso de Malcolm ia na contramão do discurso de King, pois, pelo que vimos na biografia, Malcolm, naquele momento de sua vida, era contra a integração entre brancos e negros. Haley explicita as ideias de Malcolm:

> Todos sabem que progressos eram esses: alguma indústria gigantesca que contratara 10 negros como vitrines; alguma cadeia de restaurantes que passara a ganhar mais dinheiro servindo a negros; alguma universidade do Sul que matriculara um aluno preto no

primeiro ano sem a presença de baionetas. E outras coisas assim... Por toda a parte aonde vou, há alguém falando sobre algum "progresso" na luta pelos direitos civis! Os brancos parecem pensar que o homem preto deveria estar gritando "aleluia". Há 400 anos, o homem branco enfiou sua faca de mais de um palmo nas costas do homem preto... e agora o homem branco começa a retirar essa faca, retorcendo-a, puxando não mais de um dedo! Por que o homem preto deveria se sentir agradecido? Mesmo que o homem branco tirasse toda a faca de uma só vez, ainda deixaria uma cicatriz. (AMX, p.281)

Já Martin Luther King (1992, p.135-36), por sua vez, afirmava o inverso de Malcolm naquela época:

Depois de ter estado na Índia, estou mais convencido do que nunca de que o método da resistência não violenta é a arma mais poderosa disponível aos povos oprimidos em sua luta por justiça e dignidade humana. Em sentido real, Mahatma Gandhi incorporou, durante sua vida, determinados princípios universais que são inerentes à estrutura moral do universo, e esses princípios são tão inegáveis quanto a lei da gravitação.

Dyson (1995, p.43) destaca as diferenças entre as duas grandes lideranças do movimento negro, colocando King como líder da classe média negra e Malcolm como líder dos pobres:

O desafio da abordagem público-moralista está em investigar os tipos de tensões entre King e Malcolm que permanecem, de uma ou outra forma, em grande medida, inexploradas sob outras perspectivas. É a presença de diferença de classe dentro do modo de viver negro, por exemplo, que conferiu significados particulares às lideranças de King e de Malcolm. Tais diferenças moldaram os estilos que cada líder adaptou para expressar as reivindicações de seu eleitorado – para King, uma classe média negra carregada de culpa, em ascensão e em expansão; para Malcolm, um gueto pobre, cada vez maior, propenso a transtornos e rigidamente oprimido.

O X DE MALCOLM E A QUESTÃO RACIAL NORTE-AMERICANA **113**

A imprensa, percebendo a discrepância dentro do próprio movimento, insistiu na questão várias vezes. Malcolm, que em oportunidades anteriores mostrou-se crítico à resistência pacífica de Martin Luther King, em outras passagens, porém, mostrou-se a favor, mas sem euforia. Vejamos como Haley trata a questão em outro momento do livro:

> Se algum "líder" dos direitos civis fazia alguma declaração que desagradava à estrutura do poder público branco, os repórteres prontamente tentavam me usar, num esforço para fazê-lo voltar a seu lugar. Vou citar um exemplo. Perguntavam-me coisas assim: – Sr. Malcolm X, muitas vezes já se manifestou contra as manifestações de pretos sentando em vias públicas e outros atos de protesto similares. Qual é a sua opinião sobre o boicote que o Dr. King está promovendo em Montgomery? Embora os "líderes" dos direitos civis continuassem insistentemente a atacar os muçulmanos, eu achava que mesmo assim eles eram pretos, mesmo assim eram da nossa própria raça. Seria uma tolice permitir que o homem branco me levasse a ficar contra o movimento dos direitos civis. Quando perguntavam minha opinião sobre o boicote de Montgomery, eu recordava cuidadosamente os fatos que haviam levado ao protesto. A Sra. Rosa Parks estava viajando num ônibus a caminho de sua casa e, num ponto, o motorista branco mandara que ela levantasse, para dar lugar a algum passageiro branco que acabara de entrar. E eu dizia: "Imaginem só uma coisa dessas! Essa boa mulher preta, trabalhadora, cristã, pagou o dinheiro da passagem, está sentada em seu lugar. Mas só porque ela é preta, mandam que se levante! Às vezes, até eu próprio tenho dificuldade em acreditar na arrogância do homem branco! (AMX, p.280)

Malcolm, ao se referir ao boicote iniciado por Rosa Parks, atingiu King, o grande líder desse movimento da não utilização dos ônibus de Montgomery, no Alabama, um dos Estados mais racistas dos Estados Unidos. Se nesses últimos fragmentos o Malcolm de Haley poupou as críticas ao movimento, talvez por uma questão de estratégia,

114 VLADIMIR MIGUEL RODRIGUES

pois sabia que, se criticasse aquelas atitudes, estaria, na prática, atentando contra o próprio povo, mais tarde, no ano de 1963, faria outra dura crítica à imagem mais emblemática do movimento pelos direitos civis dos negros, a "Marcha sobre Washington", liderada, principalmente, por Martin Luther King Jr., que proferiu na capital da nação seu mais famoso discurso: "Eu tenho um sonho". Haley, simplesmente, tornou-se o interlocutor de Malcolm, que a chamou de "A farsa de Washington":

> Não faz muito tempo, o homem preto da América recebeu uma dose de outra forma de efeitos enfraquecedores, ilusórios e destinados a embaí-lo. Foi a "farsa de Washington", como a chamo. Negros das regiões rurais do Sul, negros das pequenas cidades, negros dos guetos do Norte, até mesmo milhares de negros que anteriormente se comportavam como Pai Tomás, todos começaram a falar "marchemos!". Grupos de negros falavam em chegar a Washington de qualquer maneira que pudessem, em carros velhos e caindo aos pedaços, de ônibus, pedindo carona, até mesmo andando, se fosse necessário. Imaginavam milhares de irmãos pretos convergindo de todos os pontos para Washington, a fim de se postarem nas ruas, nas pistas do aeroporto, nos gramados dos prédios oficiais, exigindo do Congresso e da Casa Branca providências concretas em relação aos direitos civis [...]. Era uma amargura nacional, um movimento militante, sem organização, sem líderes [...]. A Casa Branca apressou-se em convocar para uma reunião os "líderes" dos principais movimentos negros de direitos civis. Pediram-lhes que detivessem a Marcha. Eles responderam que não a tinham instigado [...]. A Casa Branca com uma fanfarra de publicidade internacional, "aprovou", "endossou" e "acolheu" a Marcha sobre Washington. (AMX, p.289)

Malcolm tem uma posição crítica em relação à "Marcha sobre Washington", desconstruindo o seu caráter mítico e revolucionário, declarando que o movimento não "tinha líderes, sem organização". E também deixa evidente que a Casa Branca passou

O X DE MALCOLM E A QUESTÃO RACIAL NORTE-AMERICANA **115**

a apoiar o movimento para poder domá-lo, retirar seu caráter revolucionário. Parece-nos que essa visão do Malcolm de Haley sobre a "Marcha sobre Washington" é totalmente equivocada. Não há motivos para minimizá-la, muito pelo contrário. Foi, possivelmente, o auge do movimento negro nos Estados Unidos, conseguir reunir centenas de milhares de pessoas na capital do país, brancos e, principalmente, negros em busca de um bem comum, que eram os direitos dos negros e, acima de tudo, a paz social.

Naquela ocasião, as grandes organizações de direitos civis estavam discutindo por causa de donativos [...]. Foi como um filme. A cena seguinte foi o encontro em Nova York dos "seis grandes" líderes dos direitos civis dos negros com o diretor branco de uma grande instituição filantrópica. Foram advertidos de que as brigas por causa de dinheiro estavam afetando a imagem de todo o movimento. E, ao que se diz, 800 mil dólares foram doados a um Conselho da Liderança Unida dos Direitos Civis, rapidamente organizado pelos "seis grandes". O que propiciou a rápida união preta? O dinheiro do homem branco. E qual era a condição inerente ao dinheiro? Conselho. Não houve apenas esse donativo, sendo prometido também outro equivalente, depois da Marcha... obviamente se tudo corresse bem [...].Em seguida, foram convidadas a participar da Marcha quatro famosas personalidades públicas brancas: um católico, um judeu, um protestante e um líder trabalhista [...]. E, de repente, os brancos que antes se mostravam nervosos e apreensivos com a Marcha, começaram a anunciar que iriam também participar [...]. Por que deixar que algum negro miserável, sem emprego, faminto, tivesse a primazia? Aqueles negros obcecados por "integração" virtualmente saíram correndo para descobrir onde podiam aderir. A Marcha dos "pretos furiosos" transformara-se subitamente numa manifestação chique [...]. Para quem queria status, era um símbolo de status. "Você esteve lá?" Até hoje, ainda se pode ouvir essa indagação. (AMX, p.289-90)

116 VLADIMIR MIGUEL RODRIGUES

Passados cinquenta anos da realização do evento, ainda hoje consta na mídia (filmes e seriados) pessoas que fazem a mesma pergunta feita por Malcolm: "Você esteve lá?". São vários os exemplos, destacando: o seriado *The Cosby Show* da década de 1980 e o filme *Conduzindo Miss Daisy*, de 1989. Ao contrário do que é dito no livro de Haley, a Marcha é lembrada e celebrada pela população negra dos Estados Unidos como um evento grandioso e de união, grande responsável pela conquista dos direitos civis. Aliás, para os líderes que estavam na contramão do pensamento de Malcolm, como Martin Luther King, após a Marcha, a mídia nacional e a internacional passaram a focalizar mais seriamente a questão dos negros no país.

A Marcha tornara-se um passeio, um piquenique [...]. Os manifestantes haviam recebido instruções para não levarem cartazes... pois os cartazes estavam prontos à espera deles. Foram avisados de que só deveriam cantar uma única canção: *We shall overcome* (Nós venceremos). Foram instruídos *como* chegar, *quando*, *onde* chegar, *onde* se concentrar, *quando* começar a marchar, *o percurso* pelo qual deveriam marchar [...]. Havia até mesmo locais determinados para se desmaiar! Isso tudo é verdade. Eu estava lá. Assisti ao circo. Quem já ouviu falar de revolucionários irados cantando *We shall overcome* de braços dados com as próprias pessoas contra as quais deveriam supostamente estar se revoltando? Quem já ouviu falar de revolucionários furiosos molhando os pés juntamente com seus opressores nos tanques dos parques, com evangelhos, guitarras, discursos de *I have a dream* (Eu tenho um sonho, discurso famoso de Martin Luther King, o líder dos direitos civis)? E as massas pretas da América estavam, e ainda estão, tendo um pesadelo! Esses "revolucionários furiosos" acataram até mesmo as instruções finais: as de não se demorarem. Com tantos milhares e milhares de "revolucionários furiosos", bem poucos ficaram até a manhã seguinte, de tal forma que a associação de hotéis de Washington queixou-se de um vultoso prejuízo de quartos vagos. Hollywood não poderia ter feito melhor [...]. O que a Marcha sobre Washington conseguiu foi embair os negros por algum tempo. Mas, inevitavelmente, as massas pretas começaram a compreender que haviam sido enganadas pelo homem branco. E, inevitavelmente também, a raiva do homem preto se reacendeu, mais profunda do que nunca, começando a explodir em diferentes cidades, durante as crises raciais sem precedentes do "longo e quente verão" de 1964. (AMX, p.291-2)

Por fim, as declarações de Malcolm na biografia nos revelam uma forte crítica à "Marcha sobre Washington", considerada o ícone da luta pelos direitos civis dos negros. Com palavras ásperas e irônicas, Malcolm criticou, com veemência, o evento, classificando-o como "circo". E, entre outras palavras, percebem-se os posicionamentos contrários e radicais feitos contra Martin Luther King, que, pelo excerto, interpreta-se que Malcolm chamou-o de "interesseiro", "vendido", ao aceitar precondições para a realização da "Marcha *light*". Parece-nos que esses posicionamentos de Malcolm foram ruins para a luta pelos direitos civis, pois, em vez de aproximar as grandes personalidades da "luta", suas declarações só o afastaram de Martin Luther King Jr. e de outros, causando, enfim, um cisma dentro do movimento.

O bombardeio de Malcolm também incidiu sobre os participantes da Marcha, os quais estariam presentes no evento somente por *status*, e não por conscientização e luta de fato. Dyson (1995, p.44) expõe a crítica ao comportamento radical de Malcolm: "Lomax aponta a obstinação da defesa da violência por parte de Malcolm, as contradições de seu absolutismo ideológico e as limitações de seus projetos organizacionais formulados de modo impreciso em seu último ano".

De fato importante e fundamental, "a marcha" teve um impacto muito grande na vida dos afro-americanos que, em geral, passaram a lutar de maneira mais incisiva pelos seus direitos. A maior prova disso aconteceu quase um ano depois, no que Malcolm chamou de "longo e quente verão de 1964", quando três estudantes negros foram assassinados por membros da Ku Klux Klan em conluio com a polícia do Mississippi, fato que foi acompanhado de perto pela

118 VLADIMIR MIGUEL RODRIGUES

mídia e depois exposto no cinema por meio do filme *Mississippi em chamas*, de 1988, dirigido por Alan Parker.

Dessa forma, ao contrário do que o Malcolm de Haley afirmara, a "Marcha sobre Washington" foi o principal motivo para que, em 2 de julho de 1964, o presidente Lyndon Johnson assinasse a Lei dos Direitos Civis, acabando, em parte, com todos os códigos raciais que houvesse no país, pois muitos conflitos raciais ocorreram após a "Marcha", especialmente em 1964 e 1965. Embora a lei estivesse aprovada, muitos Estados do Sul mantinham sua estrutura oligárquica e racista, alijando os negros do processo eleitoral. Para se ter uma ideia do tamanho do racismo no Sul do país, o governador do Alabama, George Wallace, em plena discussão sobre o futuro racial do Estado e do país, deu, em 1963, a seguinte declaração: "segregação agora, segregação sempre".

A segregação em relação ao sufrágio somente teve fim em 1965, após enfrentamentos entre manifestantes negros, liderados por Martin Luther King, na cidade de Selma, no Alabama, e a polícia, sangrento confronto transmitido pela televisão que, mais uma vez, provocou intervenção federal no incidente. O presidente Lyndon Johnson, então, aprovou a Lei do Direito do Voto, retirando todos os empecilhos que rondavam o voto dos afro-americanos (Davidson; Grofman, 1994, p.3). Essa decisão provocou a famosa lamentação de Lyndon Johnson de que "com essa assinatura acabo de perder os votos do sul na próxima eleição" (Risen, 2009) – o presidente desistiu da reeleição em 1968 por causa dos protestos contra a Guerra do Vietnã. Perdeu os votos do Sul, mas ganhou a luta pelos direitos civis dos negros.

O turbulento ano de 1964 marcou as últimas declarações radicais de Malcolm e também seus últimos momentos como membro da Nação do Islã. A biografia ressalta esses fatos. Primeiramente quando Malcolm, que era convidado para várias conferências no país e no exterior, proferiu uma palestra com o conteúdo radical que expusemos anteriormente, incriminando o homem branco pelas desgraças da população negra. Mais tarde, já no final da conversa, Malcolm encontrou-se com uma garota que presenciou a sua fala, como constata Haley:

O X DE MALCOLM E A QUESTÃO RACIAL NORTE-AMERICANA   119

Seja como for, nunca antes eu tinha visto alguém ficar tão afetado por minhas palavras quanto aquela universitária loura. Ela indagou, veementemente: – Não acredita que exista nenhum branco bom? Eu não queria ferir os sentimentos dela e respondi: – Acredito nos atos das pessoas, moça... não em suas palavras. – O que posso fazer? – exclamou ela. Ao que respondi: – Nada. Ela desatou a chorar, saiu correndo pela Lenox Avenue e embarcou num táxi. (AMX, p.297)

Essa emblemática passagem do livro mostra o quão radical Malcolm era em relação ao convívio com os brancos. A generalização que Malcolm fez em relação aos brancos provocou uma implacável perseguição por parte da mídia.

E essas aparições frequentes de Malcolm em *talk shows*, debates e palestras em universidades deram-lhe uma visibilidade ainda maior que a de Elijah Muhammad. Não por acaso, o ciúme e a inveja em torno de sua pessoa, dentro da Nação do Islã, aumentaram significativamente, como é relatado no livro: "Tornei a recusar quando uma reportagem de capa me foi oferecida pela revista *Newsweek* [...]. Havia inveja e ciúme porque eu fora convidado a receber tais destaques na imprensa e televisão" (AMX, p.301).

Quando o momento já não era mais favorável para ele dentro da Nação do Islã, um fato de repercussão nacional foi fundamental para distanciar Malcolm da instituição e também de Elijah Muhammad:

Los Angeles, 3 de Julho (UPI) – Elijah Muhammad, de 67 anos, líder do movimento dos Muçulmanos Pretos, foi acusado hoje em processos de paternidade, movidos por duas antigas secretárias, que alegaram ser ele o pais de seus quatro filhos... As duas mulheres estão na casa dos 20 anos... A Srta. Rosary e a Srta. Williams afirmaram que tiveram intimidades com Elijah Muhammad de 1957 até este ano. A Srta. Rosary declarou que ele era o pai de seus dois filhos e que está esperando um terceiro filho dele... a outra queixosa disse que ele era o pai de sua filha. (AMX, p.306)

As acusações a Elijah Muhammad soaram como um terremoto dentro da Nação do Islã e na vida de Malcolm X, que simplesmente não conseguia acreditar que seu mestre não passava de um hipócrita. Parece-nos que Haley deu voz a esse episódio para tentar mostrar como a vida de Elijah Muhammad era uma sujeira. Por tratar-se de uma biografia, ele poderia ter suprimido o ocorrido, mas não o fez, pelo contrário, deu ênfase ao caso. Enquanto a organização perdia fiéis pela divulgação do escândalo na imprensa, Malcolm tentava explicar o inexplicável:

> Comecei a ter pesadelos, podia ver as manchetes [...]. Sempre que um repórter se aproximava, quase que podia ouvi-lo dizer: – Sr. Malcolm X, é verdade o rumor de que... Não chegou a haver um momento específico em que eu tenha admitido o problema para mim mesmo [...]. E eu me sentia mesmo como um idiota rematado aos olhos dessas pessoas, continuando a pregar todos os dias, aparentemente sem saber o que estava acontecendo debaixo do meu nariz, na minha própria organização, envolvendo o próprio homem a quem tanto elogiava. Parecer um idiota desenterrava emoções que eu não experimentava desde os tempos de marginal no Harlem. A pior coisa no mundo dos marginais é ser um trouxa. (AMX, p.307)

Haley ressalta que Malcolm X havia sido traído pela hipocrisia de um pseudolíder que usou seu principal pupilo para fazer crescer uma organização muçulmana falsificada, com fundamentos islâmicos completamente distorcidos da originalidade oriental. Essa é a impressão que se tem pelo texto de Haley. O escândalo envolvendo Muhammad mostra como Malcolm foi utilizado como marionete de uma organização que, nos bastidores, servia para arrecadar dinheiro de pobres fiéis negros para o enriquecimento de seu líder, que, na calada da noite, cuspia no discurso ético e moral da religião islâmica ao cometer seus seguidos adultérios.

A gota d'água na relação de Malcolm com a Nação do Islã aconteceu após a morte do presidente John Kennedy no dia 22 de novembro de 1963, em Dallas, no Texas, que pode ter ocorrido,

O X DE MALCOLM E A QUESTÃO RACIAL NORTE-AMERICANA **121**

aliás, em virtude do fato de Kennedy ser a favor dos direitos civis. A organização havia instruído seus ministros a não comentar o fatídico episódio, mas Malcolm não conseguiu ficar calado, como fica comprovado no livro:

> – O que acha do assassinato do presidente Kennedy? Qual é a sua opinião? Sem pensar duas vezes, respondi o que sinceramente pensava: que era, a meu ver, um caso típico de "tiro que saiu pela culatra". Expliquei que o ódio nos homens brancos não se havia detido com a morte de pretos indefesos; esse ódio, que haviam permitido que se espalhasse quem qualquer controle, acabara agora por atingir o próprio Chefe de Estado deste país [...]. As manchetes e os noticiários de rádio e televisão prontamente repetiram a minha imagem: "Malcolm X dos Muçulmanos Pretos: Tiro saiu pela culatra". (AMX, p.312)

A polêmica declaração sobre o assassinato de Kennedy foi o que faltava para o fim da relação de Malcolm com a Nação do Islã. A partir daquele momento, Elijah Muhammad decretou a suspensão por 90 dias de Malcolm. Na prática, a medida foi encarada como expulsão da organização. Para complicar ainda mais a relação entre ambos, Malcolm sofreu uma tentativa de atentado, quando membros da instituição religiosa armaram uma bomba em seu carro:

> Foi com essa primeira ordem expressa para a minha morte que finalmente comecei a me divorciar psicologicamente da Nação do Islã. Onde quer que eu fosse, nas ruas, lojas, elevadores, calçadas, carros que passavam, comecei a reparar nos rostos dos muçulmanos que conhecia. Sabia que qualquer um deles podia estar aguardando uma oportunidade de me liquidar com um tiro. (AMX, p.316)

Mais de dez anos dedicados ao louvor ao "venerável" Muhammad caíram por terra após o incidente. A organização que antes criara o novo Malcolm agora também queria a sua morte. De nada adiantou tanto louvor, bajulação e fidelidade à instituição e a Elijah

122 VLADIMIR MIGUEL RODRIGUES

Muhammad. A tentativa de atentado contra Malcolm ressaltada por Haley, nesse contexto, já nos dá subsídios para tentar entender a sua trágica morte no ano de 1965, a qual será analisada logo à frente. Podemos interpretar pelo texto de Haley que o seu Malcolm parecia já muito preocupado com um possível atentado por parte da Nação do Islã.

Malcolm, que havia mudado completamente após a saída da prisão e a conversão ao islamismo negro, passaria por uma nova, breve e última transformação em vida. A saída da Nação do Islã provocou em Malcolm o abandono do discurso radical e a aproximação de um diálogo com os brancos, fase que chamamos de "consciência moderada".

A consciência moderada e a redenção com Alá

> *"Não sei se posso desencadear um motim. E não sei se iria detê-lo."*
>
> (Malcolm X apud Haley, 1965, p.244)

Pouco antes de se afastar da Nação do Islã e caminhar com autonomia, Malcolm X teve papel decisivo na vida de um dos maiores esportistas que o mundo já conheceu: Cassius Clay. Haley destaca o início dessa relação:

> Conheci Cassius Clay em Detroit, em 1962. Ele e seu irmão Rudolph entraram na Lanchonete dos Estudantes, que ficava ao lado da Mesquita de Detroit, onde Elijah Muhammad estava prestes a falar, numa grande concentração. Cada muçulmano ficou impressionado com o porte e a autenticidade evidente daquela dupla de irmãos lutadores de boxe. Cassius aproximou-se e apertou-me a mão vigorosamente, apresentando-se da mesma forma como mais tarde se apresentaria ao mundo: – Sou Cassius Clay... Eu gostava dele. Cassius possuía um entusiasmo contagiante, a tal ponto que foi uma das poucas pessoas que já convidei a ir à minha casa. Betty gostava dele. As crianças eram loucas por ele. (AMX, p.314)

O X DE MALCOLM E A QUESTÃO RACIAL NORTE-AMERICANA **123**

O relato tenta transparecer a grande intimidade que Malcolm e Clay possuíam. É possível que Haley tenha destacado a aproximação entre ambos para mostrar como Malcolm era uma pessoa influente na época. O boxeador, de personalidade ímpar, tornou-se membro da Nação do Islã e, a partir do contato com Malcolm, passou a ser doutrinado por ele. Mais tarde, Cassius Clay foi orientado diretamente pela Nação do Islã, pois Malcolm havia rompido com a organização. Como demonstram seu comportamento e suas entrevistas, completamente em consonância com os seus ideais, Malcolm declarou: "Cassius não apenas era receptivo a conselhos, como até os solicitava".

O momento de doutrinação a Cassius Clay aconteceu durante a punição que Malcolm sofreu da Nação do Islã. Ele acompanhou seu pupilo, na ocasião, em uma de suas mais importantes lutas da carreira, contra o então campeão dos pesos-pesados Sonny Liston, em fevereiro de 1965, em Miami Beach, na Flórida. O fato gerou ainda mais polêmica na crítica relação entre Malcolm e a Nação do Islã:

> Soube que os dirigentes muçulmanos de Chicago estavam ainda mais irritados comigo por causa do noticiário na imprensa sobre a minha presença no campo de treinamento de Cassius Clay. Achavam que Cassius Clay não tinha a menor possibilidade de vencer. Achavam que a Nação seria prejudicada com a vinculação da imagem muçulmana a ele, por meu intermédio. (AMX, p.317)

Malcolm esquivou-se dos problemas com a Nação do Islã e tratou de apoiar Cassius Clay na luta que mais tarde lhe daria a vitória e o título da categoria. Para fortalecer o seu pupilo, Malcolm criou, no embate, uma dicotomia religiosa entre o seu islamismo e o de Clay contra o cristianismo do seu adversário, como bem mostrou Haley:

> Esta luta é a *verdade* – falei para Cassius. – A Cruz e o Crescente vão se enfrentar num ringue, pela primeira vez. É como uma Cruzada moderna, com um cristão e um muçulmano se enfrentando, as

124 VLADIMIR MIGUEL RODRIGUES

câmaras de televisão transmitindo para o mundo inteiro, através do Telstar, o que vai acontecer! Acha que Alá propiciou tudo isso para que você deixe o ringue de outra forma que não como o campeão? (Devem estar lembrados que, por ocasião da pesagem, Cassius gritava coisas como: – Está profetizado que serei o vitorioso! Não posso ser derrotado!). (AMX, p.318)

Parece-nos que os fragmentos de Haley nos mostram que Clay incorporou perfeitamente o espírito de Malcolm X e do islamismo negro, criando um determinismo religioso jamais visto no mundo esportivo dos Estados Unidos. É fato que isso realmente aconteceu pelo que vimos dos vídeos oficiais da luta. A imprensa da época simplesmente se negava a aceitar a possibilidade de vitória do pugilista, que não passava de um mero desafiante fanfarrão. No entanto, a técnica de Clay e seu carisma contagiante o levaram para a vitória:

No início da noite, quando Cassius e eu saímos às vezes a passear pelos lugares em que viviam os pretos, os negros ficavam boquiabertos de surpresa por vê-lo ali e não entre os brancos, como preferiam quase todos os campeões negros. Inúmeras vezes, Cassius surpreendeu ainda mais esses negros ao dizer-lhes: "Vocês são a minha gente e é de vocês que tiro toda a minha força". O que Sonny Liston estava prestes a enfrentar era uma das coisas mais temíveis que podem surgir diante de alguém: alguém que cultua Alá e não sente qualquer medo. (AMX, p.318)

A doutrinação de Malcolm a Clay fez que o boxeador tivesse um comportamento crítico perante o contexto racial, que, para nós, era, de fato, incomparável em relação a qualquer outro grande esportista negro da época e também, por extensão, quando comparado aos grandes nomes dos esportes dos dias atuais. Clay se negava a trair suas origens sociais e raciais, louvando "sua gente" e tendo posições extremamente críticas em relação às questões da situação do negro, diferentemente de outros negros que "embranqueceram" ao terem

O X DE MALCOLM E A QUESTÃO RACIAL NORTE-AMERICANA **125**

contato com o sucesso, negando suas raízes. Certa vez, Clay (apud Hauser, 2009) declarou:

> Nós que seguimos os ensinamentos de Elijah Muhammad não queremos ser forçados à integração. A integração é injusta. Nós não queremos viver com os brancos; é isso [...]. Nenhum negro ou negra inteligente, em sua negra e sã consciência, quer meninos e meninas brancos vindo para suas casas para casar com seus filhos e filhas negros.

Sobre a Guerra no Vietnã, foi enfático, transparecendo o comportamento que o consagrou como um dos maiores homens do século XX: "Eu não tenho nenhuma desavença com eles, os Vietcongues... Eles nunca me chamaram de *preto*" ("The greatest is gone", 2009).

Após a vitória contra Liston, Clay, o novo campeão dos pesos-pesados, teria afirmado para Haley: "Creio na religião do Islã, o que significa que creio que não existe outro Deus que não Alá e que Maomé é Seu Apóstolo. Essa é a mesma religião de mais de 700 milhões de pessoas de pele preta, através da África e da Ásia" (AMX, p.319). Possivelmente, Haley, mais uma vez, destacou a relação de Ali e Malcolm para mostrar o poder de persuasão que Malcolm tinha, mesmo fora da Nação do Islã. A declaração na imprensa fez outros boxeadores se rebelarem contra Malcolm: "Em meio à tremenda repercussão, nada foi mais ridículo do que a declaração de Floyd Patterson de que era católico e queria lutar com Cassius Clay, a fim de evitar que a coroa dos pesos-pesados continuasse em poder de um muçulmano" (AMX, p.319).

Para completar a adesão ao islamismo, Cassius, por interferência de Malcolm e da Nação do Islã, trocou seu nome, como fizeram outros membros da religião. Passou a ser chamado de Muhammad Ali, "aquele que merece ser louvado". A mudança de nome deu a Muhammad Ali um maior engajamento perante o movimento negro, sendo uma de suas maiores lideranças.

A relação entre Malcolm X e Muhammad Ali esfriou quando o primeiro se desligou da Nação do Islã. Após sair da organização,

126   VLADIMIR MIGUEL RODRIGUES

Malcolm X partiu para uma viagem internacional. Seguiu para Meca, onde faria a Hajj, peregrinação que todo muçulmano fiel deve fazer uma vez na vida. Malcolm partiu para o Oriente, tendo sua primeira escala na Alemanha. No Velho Mundo, Haley destaca que Malcolm fez várias comparações entre os novos lugares que estavam sendo explorados e os Estados Unidos: "Entrávamos em qualquer loja e todos nos cumprimentavam cordialmente [...]. Os europeus se comportam de maneira mais humana [...]. Percebi algo que já experimentara quando era encarado como um muçulmano e não como um negro, na América" (AMX, p.332). A partir desse momento, Haley quer mostrar, para o leitor, que o seu Malcolm começava a mudar, começava a encontrar uma redenção, a abandonar seus posicionamentos radicais.

Haley destaca que um novo mundo se apresentava a Malcolm X, e a atmosfera islâmica da África muçulmana contagiava o homem em busca de sua redenção e do autoconhecimento. Malcolm destaca o desembarque no Cairo:

> Deparei com incontáveis pessoas, obviamente muçulmanos vindo dos mais diferentes lugares e iniciando a peregrinação a Meca. Subitamente, compreendi que não existia ali qualquer problema de cor. O efeito que experimentei foi o de que acabara de sair de uma prisão. (AMX, p.334)

A narrativa de Haley segue em uma descrição dos fatos e das impressões de Malcolm de maneira cansativa, tentando convencer o leitor das transformações do seu líder.

Parece-nos que os dias que Malcolm passou no Cairo seriam fundamentais para mostrar a ele que o problema do racismo não era de todos os homens brancos, da maneira genérica e simplista como costumava analisar na América, e, sim, do sistema econômico, político e cultural em que os Estados Unidos estavam inseridos. Haley enfatiza, mais uma vez, a transformação de Malcolm:

O X DE MALCOLM E A QUESTÃO RACIAL NORTE-AMERICANA **127**

Entrando no estado de Ihram, tiramos as roupas e vestimos duas toalhas brancas, Uma, a Izar, nos envolvia a virilha. A outra, Rida, era passada pelo pescoço e ombros, deixando de fora o ombro direito e o braço. Um par de sandálias simples, n'al, deixava os tornozelos à mostra. Por cima da Izar, usava-se um cinto de dinheiro e uma bolsa, para se guardar o passaporte e outros documentos de valor [...]. No avião, havia pessoas brancas, pretas, pardas, vermelhas e amarelas, olhos azuis e cabelos louros, o meu cabelo encarapinhado vermelho... e todos juntos, irmãos! Todos honrando o mesmo Deus Alá, todos honrando uns aos outros... O comandante do avião veio me conhecer. Era um egípcio, a pele mais escura que a minha; poderia ter andado pelo Harlem que ninguém lhe daria maior atenção. O copiloto era mais escuro do que eu. Não posso descrever a sensação que isso me proporcionou. Nunca antes vira um homem preto pilotando um jato... Irmão, eu tinha certeza de que Alá estava comigo. (AMX, p.334)

Haley retrata o encantamento de Malcolm que não tinha palavras para definir o amor, a humildade e a fraternidade islâmica, da qual ele jamais participara nos Estados Unidos: "Mas sabia que não estava fazendo certo. Podia sentir os olhos dos outros muçulmanos fixados em mim. Os tornozelos ocidentais não conseguem fazer o que os tornozelos muçulmanos estão acostumados a fazer pela vida inteira" (AMX, p.337). Haley apelou para o lado emocional para mostrar as mudanças de Malcolm e continuou afirmando que as novas surpresas e experiências que Malcolm adquiriu no Oriente não se resumiram às práticas religiosas. Como vimos, a opinião de Malcolm em relação ao homem branco começou a mudar drasticamente ao ter contato com árabes não negros:

O Dr. Omar Azzam veio imediatamente para o aeroporto [...]. Era jovem, alto, bastante forte. Eu diria que tinha pelo menos 1,90m de altura. Era extremamente polido. Na América, teria sido considerado um homem branco. Mas, pela maneira como agia, o que imediatamente me impressionou, não tive qualquer sensação

128 VLADIMIR MIGUEL RODRIGUES

de estar diante de um homem branco. [...] Aquele homem branco, pelo menos teria sido considerado "branco" na América, aparentado com o soberano da Arábia, de quem era um conselheiro, um homem realmente internacional, sem nada a ganhar com isso, abrira mão de sua suíte de hotel em meu favor, para o meu conforto transitório. Ele nada tinha a ganhar, absolutamente nada. Não precisava de mim. Tinha tudo... Eu era um "racista". Era um "antibranco"... e ele, por toda aparência, era um branco... Foi naquela manhã que comecei a reavaliar o "homem branco". Foi quando comecei a compreender que "homem branco", na acepção comum do termo, significa a cor da pele apenas secundariamente; primariamente, descrevia atitudes e atos. Na América, "homem branco" significa atitudes e atos específicos em relação ao homem preto, em relação a todos os homens não brancos. Mas no mundo muçulmano eu conhecera homens de pele branca que eram mais genuinamente fraternais que quaisquer outros que encontrara anteriormente. Aquela manhã assinalou o início de uma mudança radical em toda a minha perspectiva sobre os homens "brancos". (AMX, p.343-4)

Concluímos que, por meio desse fragmento exposto por Haley, a personalidade de Malcolm, a partir daquele instante, estava completamente transformada. O ex-viciado e traficante, líder dos muçulmanos negros, radical por excelência, que chamava todos os homens brancos, sem exceção, de "demônios", agora, ainda em vida, revia seus conceitos radicais, assumindo um discurso moderado e relativista. Haley consagra que a terra de Maomé foi a grande responsável por mais essa importante mudança. Haley apela para a emoção ao contar o momento em que Malcolm entrou, pela primeira vez, em Meca:

Meu vocabulário não pode descrever a nova mesquita que estava sendo construída em torno da Kaaba. Fiquei emocionado ao compreender que era simplesmente uma das espetaculares obras de reconstrução que estavam sendo realizadas [...]. Carregando as sandálias. Segui o Mutawaf. Vi então a Kaaba, uma gigantesca casa de

O X DE MALCOLM E A QUESTÃO RACIAL NORTE-AMERICANA **129**

pedra preta, no meio da Grande Mesquita. Estava sendo circulada por milhares e milhares de peregrinos a orarem, de ambos os sexos, todos os tamanhos, cores e raças do mundo. (AMX, p.347)

Haley quer mostrar que, a partir dali, Malcolm tinha certeza de que o islamismo em que acreditava nos Estados Unidos estava totalmente equivocado, juntamente com todas as práticas da Nação do Islã, a qual se subordinou por doze anos. Confirma no livro:

> Durante toda a noite, escrevi outras cartas similares [...]. Entre elas estava o filho de Elijah Muhammad, Wallace Muhammad, que me manifestara a sua convicção de que a única salvação possível para a Nação do Islã seria a aceitação e projeção de uma melhor compreensão do Islã ortodoxa. (AMX, p.350)

Haley afirma que Malcolm enviou também uma carta aos Estados Unidos assumindo sua mudança de discurso:

> Jamais conheci uma hospitalidade tão sincera e um espírito tão superior da verdadeira fraternidade como os que são praticados por pessoas de todas as cores e raças aqui na Terra Santa, o lar de Abraão, Maomé e todos outros profetas das Sagradas Escrituras [...]. Estávamos todos participando do mesmo ritual, exibindo um espírito de união e fraternidade que minhas experiências na América haviam-me levado a acreditar que nunca poderia existir entre os brancos e os não brancos. A América precisa compreender o Islã, porque é a única religião que pode erradicar de sua sociedade o problema racial... Durante os últimos 11 dias, aqui, no mundo muçulmano, tenho comido no mesmo prato, bebido do mesmo copo e dormido na mesma cama (ou no mesmo tapete), sempre rezando ao mesmo Deus, com irmãos muçulmanos cujos olhos são do azul mais azul, os cabelos do louro mais louro, a pele do branco mais branco. E nas palavras, atos e ações dos muçulmanos "brancos" senti a mesma sinceridade que encontrei entre os muçulmanos africanos pretos da Nigéria, Sudão e Gana. Éramos verdadeiramente iguais (irmãos),

130   VLADIMIR MIGUEL RODRIGUES

porque a convicção em um só Deus removera o "branco" de suas mentes, o "branco" de seu comportamento e o "branco" de suas atitudes. (AMX, p.351)

Após esse episódio, Malcolm X foi para a África. É importante destacar que ele assinou a carta destinada para os Estados Unidos com um novo nome, Al Hajj Malik Al-Shabazz, adotado no Oriente.

A primeira parada de Malcolm, na África negra, foi em Lagos, na Nigéria, onde fez discursos políticos e recebeu um novo nome, *omowale*, que, na língua ioruba, significa "o filho que volta para casa" (AMX, p.361). Haley contou que Malcolm sentia-se à vontade em meio aos seus irmãos africanos. Parece-nos que também se sentia livre, pois estava sem o fardo da Nação do Islã, e sem o rótulo "demônio" que bradava, com veemência, ao homem branco. No livro, Haley mostra a glorificação de Malcolm ao povo de Gana: "Quero ressaltar que não estou me referindo à recepção pessoal como um indivíduo de quem tinham ouvido falar, mas sim à recepção dispensada a mim como o símbolo do homem preto americano militante, como eu tinha a honra de ser considerado" (AMX, p.366).

Em Gana, Malcolm proferiu um termo em referência aos negros que seria recorrente dentro da questão dos direitos civis nos Estados Unidos:

> Lembro que, na entrevista coletiva, usei a palavra "negro" (*black*) e fui firmemente corrigido. – Essa palavra não é muito apreciada aqui, Sr. Malcolm X. O termo afro-americano (*African--American*) possui mais significado e muito mais dignidade. Pedi desculpas, com toda sinceridade. Não creio que tenha dito "negro" novamente enquanto continuei na África. (AMX, p.369)

Realmente, para os habitantes originais da África subsaariana, não há o menor sentido a palavra "negro", afinal a maioria absoluta da população é negra.

Segundo Haley, um dos últimos momentos de Malcolm em Gana foi marcado por enorme constrangimento, graças a um encontro com

O X DE MALCOLM E A QUESTÃO RACIAL NORTE-AMERICANA **131**

o amigo Muhammad Ali, que havia sido obrigado pela Nação do Islã a não ter qualquer tipo de contato com Malcolm. Haley revelou a lamentação de Malcolm no livro:

> Eu não ficaria absolutamente constrangido, mas sabia que Cassius devia ter sido proibido de manter qualquer contato comigo. Mas também não tinha qualquer dúvida de que Cassius sabia que eu ficara ao seu lado, acreditara nele, no momento em que aqueles que mais tarde o aclamaram achavam que não tinha a menor possibilidade de se tornar um campeão. Decidi evitar Cassius, a fim de não lhe criar problemas. (AMX, p.369)

Parece-nos que, nesse instante, a submissão mudou de lado na relação Malcolm e Ali, sendo este último o submisso à Nação do Islã.

Após muitas homenagens em solo africano, Malcolm X partiu de volta para os Estados Unidos, desembarcando em Nova York, em maio de 1964. Ao chegar ao aeroporto, ele foi abordado por dezenas de repórteres que o indagavam sobre os novos incidentes raciais e disparou sobre a questão do porte de armas dos negros: "Quando os brancos guardavam rifles em suas casas, dizia-se que a Constituição lhes garantia o direito de defenderem seus lares e a si mesmos. Mas, quando os pretos sequer pensavam em ter rifles em suas casas, isso era considerado 'sinistro'" (AMX, p.377).

As leis estaduais da época eram um reflexo da pseudodemocracia em que os Estados Unidos viviam. Além da delicada questão racial interna, o país que, naquele contexto, internacionalmente, exportava democracia por meio de ditaduras sanguinárias na América Latina e que lançara, havia menos de vinte anos, duas bombas atômicas acabava de empreender uma trágica guerra no Oriente, em um país que ousava em não seguir o capitalismo, o Vietnã. Para nós, Malcolm X não se conformava com a cena política e, indagado sobre quem apoiaria na sucessão presidencial, foi categórico ao dizer que democratas e republicanos eram "farinha do mesmo saco", como ratifica Haley:

132 VLADIMIR MIGUEL RODRIGUES

Na minha opinião, para o homem preto era apenas uma questão de optar entre Johnson, a raposa, e Goldwater, o lobo. O "conservantismo" na política americana significava "vamos manter os negros em seu lugar. E "liberalismo" significa "vamos manter os crioulos em seu lugar... mas vamos dizer-lhes que iremos tratá-los um pouco melhor, vamos enganá-los com mais promessas". Com tais opções, eu achava que o homem preto americano só poderia se definir sobre quem iria devorá-lo, se a raposa "liberal" ou o lobo "conservador"... porque seria inevitavelmente devorado. (AMX, p.383)

Lyndon Johnson venceu e, apesar de ter assinado a Lei dos Direitos Civis e a garantia ao voto, foi um dos responsáveis pelo massacre no Vietnã e assistiu passivamente aos sangrentos conflitos raciais do pós-1964.

Malcolm X também confessara à imprensa a sua mudança de postura, falava agora em uma "fraternidade branca" que conhecera no Oriente:

No passado, é verdade, fiz acusações amplas contra todos os homens brancos. Nunca mais voltarei a ser culpado disso [...] porque sei agora que alguns brancos são realmente sinceros, que alguns são realmente capazes de ser fraternais com um homem preto. O verdadeiro Islã ensinou-me que uma acusação indiscriminada contra todos os brancos é tão errada quanto a acusação indiscriminada dos brancos contra todos os pretos. (AMX, p.386)

Dyson (1995, p.65) mostra como os intelectuais visualizaram Malcolm após a sua transformação em Meca:

Lomax diz que Malcolm tornou-se um "integracionista indiferente". Goldman sugere que Malcolm estivesse "improvisando", que abraçava e descartava opções ideológicas conforme ele avançava. Cleage e T'Shaka defendem que ele continuava um nacionalista negro revolucionário. Cone afirma que Malcolm tornou-se um internacionalista com uma tendência humanista.

O X DE MALCOLM E A QUESTÃO RACIAL NORTE-AMERICANA **133**

Na nossa visão, Malcolm X mostrava aos Estados Unidos a sua redenção. Fica evidente que, a partir da peregrinação a Meca, ele, enfim, percebeu o quanto estava equivocado em suas posições radicais e como aqueles pensamentos fecharam portas para o diálogo, inclusive dentro do próprio movimento negro.

No entanto, esse novo Malcolm teve pouco tempo para mostrar aos Estados Unidos e ao mundo a sua nova personalidade. O ano de 1965 marcou os últimos discursos do líder afro-americano. Aquele ano, em especial, foi marcado por enormes turbulências no cenário racial, como vimos anteriormente. Malcolm pensou em acionar até a Organização das Nações Unidas (ONU) para resolver a questão interna dos Estados Unidos:

> Devo ser honesto. Os negros, afro-americanos, não demonstraram qualquer propensão de ir à ONU para exigir justiça para a sua raça aqui na América. Eu já sabia de antemão que isso não aconteceria. O homem branco americano fez uma lavagem cerebral tão grande no homem preto, incutindo-lhe a noção de que deve encarar o seu problema como uma simples questão de "direitos civis" interno, o que provavelmente vai levar mais tempo do que viverei antes que o negro compreenda que a luta do homem preto americano é internacional. (AMX, p.374)

Haley, ao afirmar esse posicionamento de Malcolm, tenta associar a figura deste a um caráter de internacionalização. Para nós, mesmo se a questão dos negros norte-americanos fosse levada à ONU, com certeza, a organização não teria capacidade para resolvê-la, afinal, à luz de sua história de mais de sessenta anos, a organização fundada no final da Segunda Guerra Mundial foi incapaz de resolver os principais conflitos da Guerra Fria, como as guerras do Vietnã e da Coreia, os problemas da descolonização da África e Ásia, e, principalmente, a Questão Palestina, não resolvida até os dias atuais. Atualmente, o comentário de Malcolm soa simplesmente como ingênuo, pois como uma organização sediada em Nova York poderia aplicar algum tipo de sanção ao país que mais a financia?

134 VLADIMIR MIGUEL RODRIGUES

Naquele ano, Malcolm fundou a Organização pelo Nacionalismo Negro, muito influenciada pelo seu aprendizado na África. Proferiu, naquele ano, um de seus discursos mais famosos:

Descobri que nem todos os brancos são racistas. Estou falando contra e minha luta é contra os racistas brancos. "Acredito firmemente que os negros têm o direito de lutar contra esses racistas, por todos os meios necessários". Mas os repórteres brancos insistiam em querer me vincular com a palavra "violência". "Sou pela violência se a não violência significa que continuamos a adiar uma solução para o problema do homem preto americano... apenas para evitar a violência. Não sou a favor da não violência, se isso significa também um protelamento da solução. Para mim, uma solução protelada não é uma solução. Vou dizer de outra maneira. Se for preciso recorrer à violência para que o homem preto conquiste seus direitos humanos neste país, então sou pela violência, exatamente como todos sabem que os irlandeses, poloneses ou judeus também seriam, se sofressem uma discriminação violenta". (AMX, p.377)

Era a total transformação de Malcolm, na visão do texto biográfico de Haley. Acreditamos que a "violência" que Malcolm defendia, quando voltou de sua peregrinação, deve ser entendida como autodefesa, e não como comportamento indiscriminadamente violento. Devemos partir da simples análise de causa e consequência. Analisar Malcolm, nesse momento, como um homem violento é não enxergar os fatos históricos por trás da questão. Parece-nos que Malcolm, quando volta de Meca, estava mais próximo aos pensamentos de Martin Luther King, sendo um pouco mais agitador que o líder cristão, tendo ultrapassado todo aquele ranço arrogante e radical do início de sua doutrinação islâmica.

Apesar de o livro não afirmar que Malcolm era simpatizante do socialismo, podemos ressaltar que algumas de suas declarações, na biografia, mostram um discurso em total diálogo com as ideias comunistas, criticando o sistema capitalista:

O X DE MALCOLM E A QUESTÃO RACIAL NORTE-AMERICANA **135**

– O que está me dizendo, em suma, é que não é o homem branco americano que é um racista, mas que o ambiente político, econômico e social americano acalenta uma psicologia racista no homem branco [...]. E mais uma coisa em que concordamos: se o racismo pudesse ser eliminado, a América estaria em condições de oferecer uma sociedade em que ricos e pobres poderiam realmente viver como seres humanos. (AMX, p.381)

Em outra oportunidade, Malcolm ainda bradou: "Não existe capitalismo sem racismo".[2] Naquele mundo bipolar da Guerra Fria em que Malcolm vivia, tornar-se simpático às ideias comunistas traria dois impactos: primeiro, uma perseguição ainda maior por parte da CIA, na caça às bruxas aos socialistas internos, medida cristalizada pelo macartismo; segundo, ceder mais subsídios críticos aos países do bloco comunista como a Cortina de Ferro (países comunistas do Leste Europeu) e a antiga URSS em relação à restrita democracia que havia nos Estados Unidos. É bom lembrar que Malcolm encontrou-se com Fidel Castro anos antes, quando o líder cubano esteve nos Estados Unidos e, para surpresa e admiração da população negra local, hospedou-se no Hotel Theresa, no Harlem, quando de sua visita à ONU.

Dyson (1995, p.31) afirma sobre o flerte de Malcolm com as ideias de esquerda:

Cleage, em especial, em seu *Myths about Malcolm X*, busca defender a reputação nacionalista negra de Malcolm das afirmações de que ele estava se tornando um integracionalista, um internacionalista, ou um trotskista marxista, concluindo que, "se na Meca ele tivesse decidido que os negros e brancos pudessem se unir, então sua vida, naquele momento, teria se tornado inexpressiva em termos de luta mundial dos povos negros".

---

2 Disponível em: <http://www.circulopalmarino.org.br/quem-somos>. Acesso em: 22 jul. 2009.

136 VLADIMIR MIGUEL RODRIGUES

Acreditamos que, mesmo sem ter estudado a fundo o marxismo e sem declarar-se adepto às ideias de Karl Marx, por meio dessas indagações, Malcolm cria um discurso mais sofisticado, menos simplista, agregando, além de questões históricas, questões sociológicas e econômicas para a explicação do racismo nos Estados Unidos e, especificamente, para a situação inferior dos afro-americanos.

A dialética marxista de burguesia e proletariado pode ser interpretada, nos Estados Unidos da época de Malcolm, como uma luta entre brancos e negros, em que os primeiros detêm os meios de produção e os últimos compunham a massa trabalhadora, que vendia a sua força de trabalho em troca de um baixo salário. E ainda, seguindo com o marxismo, a *infraestrutura* da sociedade norte-americana gerou um acúmulo material por parte da população branca de proporções estratosféricas. Dessa forma, a *superestrutura*, os elementos jurídico-administrativos do Estado americano, não podia ser, de outra maneira, a não ser pelo interesse da parcela branca da população.

Embora essa perspectiva possa ser um meio de análise da situação do negro, muitos intelectuais negam o marxismo como instrumento de libertação e emancipação dos afro-americanos, como bem expôs Elisa Larkin Nascimento (1980, p.56, 66):

> Outro fato que nega a hipótese da solidariedade de classes é o racismo explícito do proletariado branco, às vezes mais intenso que o das camadas econômicas mais altas. Certos marxistas, que persistem em condenar especificamente a luta negra como "divisionista da classe operária", não se manifestam, porém, contra a divisão do proletariado pelo próprio proletariado. Vindo o racismo dos que proclamam o reacionarismo da unidade africana porque há africanos neocolonialistas, e porque houve chefes africanos que venderam escravos, não se ouve dizer que este invalide a luta classista do operário por causa da existência de operários igualmente traidores da luta de classes [...]. Tal posicionamento revela a contradição a que não se pode fugir do raciocínio exclusivista da esquerda eurocentrista: o negro é o povo, mas precisa ceder sua identidade e história em favor de uma cultura "popular" que não pode ser negra; ser negro é antipopular.

O X DE MALCOLM E A QUESTÃO RACIAL NORTE-AMERICANA **137**

Dyson (1995, p.67-8) conclui sobre a questão do socialismo na vida de Malcolm afirmando que a doutrina adaptou-se ao seu discurso do nacionalismo negro: "Se, consequentemente, mesmo as concepções de estratégia nacionalista negra de Malcolm estivessem sendo submetidas à profunda reestruturação, só é possível afirmar que sua ideologia nacionalista negra *talvez* tivesse incorporado a estratégia socialista".

Para um cidadão comum dos Estados Unidos, naquele momento da transformação de Malcolm, era difícil saber qual realmente era a sua personalidade, a de um comunista ou libertário, violento ou pacifista. O fato é que Malcolm X naturalmente encontrou muitas dificuldades em apagar a imagem de radical que possuía perante a sociedade, como tentou mostrar Haley na biografia:

> Um dos maiores problemas que estava enfrentando para desenvolver a organização que desejava, uma organização inteiramente preta cujo objetivo supremo era o de contribuir para criar uma sociedade em que pudesse existir uma sincera fraternidade preta-branca, era o de que a minha imagem pública anterior, a imagem do suposto "muçulmano preto", continuava a me acarretar obstáculos. Estava tentando reformular gradativamente essa imagem. Estava tentando virar uma esquina, ser encarado de uma nova maneira pelo público, especialmente os negros. Não estava menos furioso do que antes, mas ao mesmo tempo a fraternidade verdadeira que presenciara no Mundo Santo influenciara-me a reconhecer que a ira pode ofuscar a visão humana [...]. Alguns dos meus amigos são moderados, conservadores, extremistas... alguns são até "Pai Tomás"! Meus amigos atualmente são pretos, pardos, vermelhos, amarelos e brancos. (AMX, p.385)

Haley conta que Malcolm viveu seus últimos meses na pobreza e arrependido de muitas de suas atitudes do passado (AMX, p.456). Teria o biógrafo afirmado isso para criar no leitor um sentimento de piedade por aquele líder que se arrependeu de seus posicionamentos e, mesmo assim, não foi aceito pela sociedade? Para nós, o fragmento evidencia que Malcolm sabia que havia gerado ódio

138 VLADIMIR MIGUEL RODRIGUES

em muitas pessoas e desapontado muitas outras, entre negros e brancos, como foi o caso da estudante branca que gostaria de ajudar o movimento negro. A ela, Haley reservou uma memória de arrependimento, no livro:

> – O que pode um branco sincero fazer? Ao dizer isso agora, lembro-me da jovem universitária... a quem declarei que não havia "absolutamente nada" que ela pudesse fazer. Lamento ter dito isso àquela moça. Gostaria agora de saber o nome dela ou o endereço que pudesse encontrá-la, para telefonar ou escrever dizendo-lhe o que digo agora aos brancos que me procuram com a sinceridade no coração, indagando de um jeito ou de outro a mesma coisa que ela me indagou [...]. Onde os brancos realmente sinceros devem se "provar" não é entre as vítimas pretas, mas sim nas linhas de frente em que realmente se localiza o racismo na América: em suas próprias comunidades, pois o racismo na América parte de seus próprios semelhantes brancos. É nisso que devem trabalhar os brancos sinceros que realmente pretendem realizar alguma coisa. (AMX, p.386)

Entre as suas observações finais, destaca-se uma última referência a Martin Luther King Jr., cujas atitudes geraram desavenças entre ambos, como vimos anteriormente:

> O objetivo é sempre o mesmo, em métodos tão diferentes quanto os meus e as marchas não violentas do Dr. Martin Luther King, que ressalta a brutalidade e perversidade do homem branco contra pretos indefesos. E no clima racial que existe neste país, qualquer um pode tentar adivinhar qual dos métodos "extremos" para resolver os problemas do homem preto pode pessoalmente encontrar uma catástrofe fatal primeiro, se o "não violento" Dr. King ou o supostamente "violento" Malcolm X. (ibidem, p.387)

Haley tenta convencer o leitor de que Malcolm, pressentindo o final da vida, teria se arrependido de todos os seus erros do passado, quer, mais uma vez, redimir seu personagem das polêmicas que

O X DE MALCOLM E A QUESTÃO RACIAL NORTE-AMERICANA **139**

gerou, que ele seja perdoado por seus equívocos. Na nossa visão, Malcolm, em suas últimas declarações a King, tentou contemporizar as polêmicas entre ambos, destacando a importância de King na luta pelos direitos civis, enxergando no pastor batista um líder importante pela conquista da liberdade de seus irmãos e irmãs. Parece-nos que Malcolm, nesse instante, consegue enxergar que tanto ele quanto King poderiam ter sustentado uma parceria que teria rendido grandes frutos aos afro-americanos se anos antes Malcolm tivesse sido menos radical; afinal, embora tivessem seus entreveros, os dois tinham um mesmo objetivo em comum: a igualdade racial.

Mesmo com as desavenças, Dyson (1995, p.26) coloca-os no santuário dos "deuses" afro-americanos:

> Tal como acontece com King, fazer de Malcolm X um herói revela a utilidade política da memória e reflete uma escolha deliberada feita pelas comunidades negras para identificar e honrar os princípios pelos quais Malcolm viveu e morreu. Para muitos partidários, Malcolm permaneceu, até sua morte, um nacionalista revolucionário negro, cujo único interesse era combater a supremacia branca ao mesmo tempo que promovia a unidade negra.

As últimas páginas da biografia feita por Haley são uma espécie de despedida de Malcolm, não somente por finalizar o livro, mas a impressão que se tem é que ele já aguardava a morte, como ficou evidente na seguinte passagem:

> Tudo o que faço hoje encaro como se fosse de extrema urgência. Nenhum homem dispõe de muito tempo para realizar o trabalho de sua vida, qualquer que seja [...]. Especular sobre a morte não me perturba, como pode acontecer com algumas pessoas. Jamais pensei que viveria o bastante para me tornar um velho [...] sempre achei que teria uma morte violenta. Na verdade, é o que parece ser o destino de minha família. Meu pai e quase todos os seus irmãos morreram pela violência... meu pai por causa do que acreditava. (AMX, p.388)

140 VLADIMIR MIGUEL RODRIGUES

Seus últimos parágrafos foram direcionados aos leitores de sua vida, os quais, para Malcolm, serão os responsáveis, também, por contar e eternizar a sua verdadeira história. Aqui, Haley é o maior responsável por essa perspectiva:

> Espero que, se fizer um relato completo e sincero da minha vida, em termos objetivos, posso deixar um depoimento de algum valor social. Acho que um leitor objetivo pode compreender como, na sociedade a que fui exposto quando era jovem preto aqui na América, era de fato praticamente inevitável que fosse acabar na prisão. É o que acontece a muitos milhares de jovens pretos [...]. Creio e espero que o leitor objetivo, ao acompanhar a história da minha vida, a vida de apenas um negro criado no gueto, possa adquirir uma imagem e compreensão melhor do que tinha antes sobre os guetos pretos, que estão moldando as vidas e os pensamentos de quase todos os 22 milhões de negros que vivem na América. A cada ano, nesses guetos, é maior o número de adolescentes como eu fui... com os tipos errados de heróis e os tipos errados de influências [...]. Creio que seria quase impossível encontrar, em qualquer lugar da América, um homem preto que tenha afundado mais do que eu na lama da sociedade humana; ou um homem preto que tenha sido mais ignorante do que fui [...]. Mas é somente depois das trevas mais profundas que a alegria maior pode surgir; é somente depois da escravidão e da prisão que se pode alcançar uma verdadeira liberdade. (AMX, p.389)

Fica mais do que evidente que Haley quer vender uma imagem positiva, heroica, santificada, redimida de seu personagem Malcolm X. Escreveu a biografia com esse objetivo.

O bucólico adeus a Malcolm é, na verdade, uma memória de vida que poderia, de fato, ser de qualquer outro afro-americano vítima da realidade americana da década de 1960. E indagamos: esse relato mudou completamente mais de quarenta anos depois? A situação socioeconômica dos afro-americanos mudou significativamente de 1965 aos dias atuais, a ponto de estar consolidada?

O X DE MALCOLM E A QUESTÃO RACIAL NORTE-AMERICANA **141**

Haley conclui seu texto afirmando que seu personagem Malcolm lamentava por não ter estudado mais. Mesmo tendo feito a "universidade das ruas", ele gostaria de ter vivenciado o meio acadêmico. Mais uma vez, Malcolm ainda tenta aparar uma aresta do seu personagem Malcolm:

> Minha maior falha, ao que creio, tem sido a de não possuir a espécie de educação acadêmica que gostaria de ter... talvez me formar em advocacia [...]. Adoro línguas por exemplo. Gostaria de ser um linguista consumado. Eu gostaria simplesmente de estudar... A maioria dos brancos, mesmo quando reconhece alguma inteligência num negro, ainda acha que tudo o que ele sabe falar é sobre a questão racial. Os brancos, de um modo geral, acham que os negros não podem contribuir com coisa alguma para outras áreas de pensamentos e ideias. Já devem ter notado como raramente os brancos perguntam aos negros o que pensam dos problemas mundiais de saúde ou da corrida espacial para levar um homem à lua. (AMX, p.390)

Teria sido a falta de uma vida acadêmica a responsável por grande parte do radicalismo em que Malcolm X esteve mergulhado grande parte da vida? O leitor comum deve indagar: "Mas, então, por que Malcolm não frequentou a universidade já que tanto quis?". A resposta se encontra, entre outros pontos, na questão do segregacionismo, uma vez que negros encontravam dificuldades para frequentar as universidades do país. Não é, por acaso, que até a década de 1960 era raro encontrar negros engenheiros, cientistas, advogados e médicos nos Estados Unidos. Somente a partir de 1965, com as ações afirmativas baseadas nas cotas universitárias, os afro--americanos puderam ingressar no meio acadêmico, como aconteceu com Barack Obama, atual presidente do país. Malcolm não pôde viver para constatar isso.

Haley terminou seu livro dando evidências que Malcolm vislumbrava ser assassinado por algum radical da Nação do Islã e enfatizando o legado do líder negro para a humanidade:

142 VLADIMIR MIGUEL RODRIGUES

Agora, ao despertar todas as manhãs, considero que estou vivendo mais um dia emprestado. Em qualquer cidade, aonde quer que eu vá [...] há pretos observando todos os meus movimentos, aguardando uma oportunidade de matar-me. Já declarei publicamente muitas vezes que sei que eles estão recebendo ordens. Qualquer um que prefira não acreditar no que estou dizendo não conhece os muçulmanos da Nação do Islã... Sei também que posso morrer subitamente nas mãos de alguns racistas brancos. Ou que posso morrer pelas mãos de algum negro contratado pelo homem branco. Ou o assassino pode ser algum negro destruído pela lavagem cerebral... Seja como for, agora vivo como se já estivesse morto. Vou dizer o que gostaria que fizessem. Quando eu estiver morto – e falo assim porque, pelas coisas que sei, não espero viver o bastante para ler este livro já editado – quero que verifiquem se não estou certo ao dizer que o homem branco, através de sua imprensa, vai me identificar com "ódio"... Fiquem esperando. Serei rotulado, na melhor das hipóteses, como um homem preto "irresponsável". Sei que as sociedades frequentemente matam as pessoas que contribuem para mudá-las. (AMX, p.391)

Com essas palavras, Haley finaliza a biografia de Malcolm em tom profético. Por estarmos analisando a sua representação histórica na narrativa, temos a possibilidade de tentar responder às questões lançadas pelo narrador Malcolm X. Primeiramente, após 48 anos de seu obscuro assassinato, a memória de Malcolm celebrada pela sociedade norte-americana é diferente daquela "odiosa" da qual ele imaginava que seria consagrada pelos historiadores e cidadãos dos Estados Unidos. O texto de Haley é um dos grandes responsáveis para Malcolm ser visto, atualmente, como grande líder dos direitos civis, da mesma importância de Martin Luther King, que também seria assassinado anos depois, afinal Haley criou um personagem Malcolm X em que tentou inserir qualidades heroicas.

Para nós, Malcolm foi diretamente responsável pelo estabelecimento dos direitos civis nos Estados Unidos e pela integração dos

O X DE MALCOLM E A QUESTÃO RACIAL NORTE-AMERICANA **143**

afro-americanos na sociedade por meio de ações afirmativas que os inseriram nos meios acadêmicos e, por extensão, no mercado de trabalho. O seu nome também está vinculado a espaços públicos nos Estados Unidos, como a rua *Malcolm X Boulevard*, no Harlem, em Nova York. Muitas cidades e Estados dos Estados Unidos comemoram, anualmente, sua data de nascimento e relembram a brutalidade que marcou seu assassinato, até hoje marcado por controvérsias. Teriam sido membros da Nação do Islã os responsáveis pela sua morte ou então a CIA/FBI, que por meio do Counter Intelligence Program (Cointelpro)[3] infiltrava seus membros para eliminar importantes lideranças do movimento negro? Haley não levantou nenhuma dessas questões, talvez, por isso, tenha recebido tantas críticas sobre a sua biografia.

Dyson (1995, p.75) vai além e coloca Malcolm como símbolo de hombridade:

> Além disso, os efeitos destrutivos da gentrificação, da crise econômica e do deslocamento social, a expansão do privilégio corporativo e o desenvolvimento de economias políticas clandestinas – juntamente com a violência e a criminalidade que elas produzem – mostram que Malcolm é um símbolo ainda mais precioso de autodisciplina, de autoestima e de liderança moral necessária para combater a corrupção espiritual e econômica das comunidades negras e pobres.

Assim como outros grandes líderes revolucionários de massas que deixaram seus nomes e ideais marcados na história da humanidade, Malcolm X, por incomodar o sistema e tentar implementar mudanças que esbarravam em interesses históricos, acabou sendo assassinado.

---

3 Counter Intelligence Program, órgão do FBI responsável para destruir elementos subversivos, como comunistas, líderes negros, entre outros.

3
A REPRESENTAÇÃO DE MALCOLM X
AOS OLHOS DE SPIKE LEE

> *"Fisicamente os afrodescendentes podem permanecer no Ocidente, lutando por seus direitos constitucionais, mas filosófica e culturalmente precisam desesperadamente voltar para África e desenvolver uma unidade ativa na estrutura do pan-africanismo."*
>
> (Malcolm X apud Haley, 1965, p.218)

O diretor Spike Lee é conhecido mundialmente pelo estilo de fazer filmes com conteúdo sociorracial. Após lançar *She's gotta have it* (*Ela quer tudo*, 1987), o principal diretor negro dos Estados Unidos teve uma carreira meteórica. Vieram, então, *Do the right thing* (*Faça a coisa certa*, 1989), *Jungle fever* (*Febre da selva*, 1991) e *Clockers* (*Irmãos de sangue*, 1995), todos abordando o caldeirão racial em explosão nos Estados Unidos. Seu último filme, que entrou em cartaz em 2009, *Milagre em Santa Anna*, aborda o racismo nas fileiras do Exército dos Estados Unidos durante campanha na Itália na Segunda Guerra Mundial.

Lee, que nasceu em Atlanta, na Geórgia, em 1957, deve ter poucas lembranças de Malcolm X, que foi assassinado cerca de oito anos após seu nascimento. No entanto, o líder afro-americano sempre

146 VLADIMIR MIGUEL RODRIGUES

foi objeto de paixão no imaginário político e racial de Spike, uma vez que o diretor já havia utilizado a figura de Malcolm para criar o conflito racial em *Do the right thing*. Era um desafio, para a sua carreira, fazer um filme que retratasse a vida de Malcolm como um verdadeiro herói nacional. Para Dyson (1995, p.133), a tensão racial em *Malcolm X* é celebrada: "Em Malcolm X, as reflexões raciais de Lee, que frequentemente ficaram fora de controle, encontraram sua apoteose artística". Lee deu o seu ponto de vista sobre Malcolm.

Em 1992, Lee resolveu assumir o projeto. Montou um elenco de primeira categoria, contando com atrizes e atores afro-americanos de renome, liderados principalmente por Denzel Washington, cujo talento foi mais do que suficiente para interpretar Malcolm X, tanto que a Academia lhe deu uma indicação a melhor ator no Oscar. Dyson (1995, p.135-6) destaca a atuação do ator:

> O ator vencedor do Oscar, Denzel Washington, confere ao jovem Malcolm, na época conhecido como Malcolm Little e depois como Detroit Red, uma mistura perspicaz e carismática de determinação férrea e de grosseira ingenuidade. Ele interpreta perfeitamente a entrada de Malcolm no mundo da prostituição negra, quando então, no início da adolescência, com 15 anos. A mistura de medo e desejo é capturada no rosto de Washington quando ele é notado e cortejado por Sophia (Kate Vernon), uma branca, em um salão de baile, onde ele e seu companheiro Shorty (interpretado por Lee) estão dançando.

Para contar a história de Malcolm por meio das câmeras, Lee utilizou como apoio a *Autobiografia de Malcolm X*, de Alex Haley (1965). Ele queria fazer um filme histórico que desse um novo parâmetro aos filmes sobre o racismo nos Estados Unidos, acostumados a produzir narrativas hollywoodianas que encenavam brancos no papel de grandes lideranças de uma América supostamente perfeita, em que os negros viviam felizes e racismo era coisa de uma minoria branca do "sul profundo".

Em seu livro *O que é cinema*, Bernardet (1985) diz que a sétima arte coloca na tela a própria realidade. Para ele, "a interpretação do

O X DE MALCOLM E A QUESTÃO RACIAL NORTE-AMERICANA **147**

cinema tenta se impor" (ibidem, p.16), consagrando a narrativa do diretor. Dessa forma, o filme de Spike Lee tenta criar "uma nova verdade" sobre Malcolm X, a verdade de Spike Lee. Aos olhos do diretor, Malcolm é retratado simplesmente como um herói nacional e negro, em meio a uma América racista que tentou apagar, em vão, a sua memória, relembrada, muitas vezes, como a de um "demagogo" que bradava pelo "ódio racial", como Malcolm esperava, erroneamente, que ocorreria após sua morte. Liliane Heynemann (1994, p.73) fala sobre o que Spike tentou criar com seu filme: "A despeito de críticas desfavoráveis que viram no filme reverência e previsibilidade formal, trata-se de um filme ousado. Ao passado recente é conferido estatuto histórico. O encontro promovido entre herói e origem realiza o ciclo completo de um mito".

Dyson (1995, p.130), por sua vez, indaga sobre qual seria a visão de Lee sobre Malcolm X:

> Se a história de Malcolm, na época, era demasiadamente controversa para ser elucidada, demasiadamente espinhosa para fórmulas burguesas sobre problemas raciais e sua eliminação suave e indolor, então que tipo desqualificado de Malcolm poderia possivelmente sobreviver aos mecanismos pulverizadores de Hollywood? E dos Malcolms favorecidos por eleitorados de círculos culturais conflitantes por um papel principal – incluindo Malcolm como símbolo do ódio e da violência raciais, Malcolm como o nacionalista negro, Malcolm como o ícone cultural americano recém-cunhado, Malcolm como o internacionalista revolucionário, Malcolm como o integracionista vacilante, Malcolm como o humanista renascido – qual, enfim, atenderia às exigências?

De fato, Malcolm é mostrado por Spike Lee como um verdadeiro mito e mártir da população negra. No entanto, a sociedade, em geral, não o enxergava dessa maneira, embora parte da população negra o reverenciasse. É para as gerações seguintes à morte de Malcolm que Spike Lee quer reescrever a história de Malcolm X. E o faz por meio

148   VLADIMIR MIGUEL RODRIGUES

do cinema, que é um poderoso instrumento de criação (assim como outras formas de arte) do que é considerado "memorável".

Dessa forma, uma nova leitura sobre o legado de Malcolm X é feita pela consciência de um negro, que compartilhou de muitas "memórias" de Malcolm. Completa Heynemann (1994, p.73):

> Mas a trajetória de Malcolm X tal como é mostrada por Spike Lee – da delinquência à santidade – não oculta seu objetivo: inscrever no imaginário americano, lá onde habitam os signos, a forma simbólica de um mito que rivalize com aqueles erigidos com o ideário "branco". O discurso final reivindicando a denominação "afro-americanos" para os negros e a cena didática com crianças dizendo "eu sou Malcolm X" revelam um duplo conhecimento: a eficácia simbólica do que é denominado e a inclusão da origem (afro) como fator estruturante da consciência (análoga ao X, utilizado por Malcolm X).

Spike Lee entendeu que o papel do cinema, nos tempos atuais, é de fundamental importância para criar novas narrativas. Coube aqui uma forte crítica ao filme por parte de Dyson (1995, p.131), que chamou Lee de incoerente pela sua atitude de difundir Malcolm pelo cinema, considerado por Dyson como um veículo de cultura de massa:

> E, ironicamente, Lee, que foi frequentemente visto pela mídia branca como um impetuoso cineasta e ativista racial, tornou-se, aos olhos de muitos, o veículo de produção e diluição em massa de Malcolm X como uma mercadoria aceitável, facilmente embalada, e, até mesmo, chique, que Lee vendeu em seu filme e em sua empresa (40 Acres and a Mule).

Percebe-se, de maneira clara, o tipo de filme e de imagem de Malcolm X que Spike Lee quer criar ao produzir a película dando um amplo enfoque e voz, a partir da segunda metade da narrativa, aos mais famosos discursos de Malcolm X, que bradavam pela

O X DE MALCOLM E A QUESTÃO RACIAL NORTE-AMERICANA   149

identidade da população afro-americana, com dizeres: "antes de qualquer adjetivo, somos negros". A interpretação de Denzel Washington contribui para consagrar os mais importantes discursos de Malcolm. Deleuze (1985, p.186) afirma que "a ideia do cinema americano filmou e refilmou, desde sempre, o filme fundamental, que narra o nascimento de uma nação-civilização". Vanoye e Goliot-Lété (1994, p.58) afirmam que, na história do cinema, vários cineastas produziram filmes louvando contextos importantes de suas nações:

> [...] o cinema soviético dos anos 20, alguns filmes franceses do período da Frente Popular, o cinema americano dos anos 40, por exemplo, estabelecem para si objetivos de ordem sociopolítica: exaltar a Revolução, descrever e explicar a sociedade da época, estimular a participação no esforço de guerra.

No caso do filme *Malcolm X*, Spike Lee dialoga com as perspectivas de Deleuze (1985) e Vanoye e Goliot-Lété (1994). O autor realizou um filme "histórico", do nascimento de uma nação-civilização, mas não branca, e, sim, negra, como objetivava Malcolm X.

Técnicas cinematográficas gerais utilizadas no filme

"As crianças dão uma lição que os adultos deviam aprender, a de não se sentirem envergonhadas de fracassar, mas sempre se levantarem e tentarem de novo. A maioria dos adultos é tão temerosa, tão cautelosa, tão segura e, por conseguinte, tão tímida e receosa que é justamente por isso que tantos seres humanos fracassam."

(Malcolm X apud Haley, 1965, p.421)

150 VLADIMIR MIGUEL RODRIGUES

Na construção fílmica, Lee lançou mão de várias técnicas cinematográficas para filmar um extenso longa-metragem de cerca de duzentos minutos, baseado em um relato biográfico. Dyson (1995, p.133-4) afirma que o filme pode ser dividido em três etapas, de forma parecida com a maneira como dividimos a vida de Malcolm neste texto:

> As três horas e vinte e um minutos que Lee leva para explorar a vida de Malcolm são divididas entre as três fases principais em sua carreira: como garoto de programa e criminoso; como devoto de Elijah Muhammad e pregador, por excelência, do nacionalismo negro; e como líder negro independente que estabeleceu duas organizações, a Mesquita Muçulmana e a Organização da Unidade Afro-americana, para refletir suas concepções religiosas e políticas modificadas após sua partida da Nação do Islã e da sua peregrinação a Meca.

Inicialmente, destacaremos os métodos mais visíveis e genéricos para o tipo de análise que objetivamos, ou seja, a descrição de passagens literárias do texto autobiográfico na sua transfiguração para o cinema.

O recurso do *voice over narration* é frequentemente utilizado durante o filme. De acordo com a definição do The Documentary Site (http://documentarysite.com/resources/glossaryv.html), a técnica consiste em: "Um tipo de som, normalmente uma voz humana, que parece surgir do nada para apresentar comentários dos eventos no quadro de um filme. As dublagens geralmente aparecem em documentários, mas, às vezes, também em filmes de ficção".

Dessa forma, são várias as passagens do texto biográfico que são simplesmente transpostas de maneira literal ou condensadas para as cenas por meio da voz de Denzel Washington que assume o papel de Malcolm X como narrador de sua vida. Essa técnica também é acompanhada de *flashbacks* da vida do personagem, principalmente quando se trata de sua infância pobre.

Ao passo que Spike Lee conta a juventude de Malcolm, principalmente a partir da chegada a Boston, e o início de sua personalidade

O X DE MALCOLM E A QUESTÃO RACIAL NORTE-AMERICANA **151**

"alienada", no filme, a cronologia da vida de Malcolm é composta por vários *flashbacks* de sua infância. Por exemplo, a morte do pai e a loucura da mãe são retratadas dessa maneira, e não cronologicamente como na biografia. Haley juntou as memórias de Malcolm e as colocou em ordem cronológica, optando, assim, pelo modo convencional de narrar uma história de vida. Portanto, a questão temporal é diferente, se comparados os códigos escritos e cinematográficos.

A sonoridade também é uma técnica onipresente nos filmes de Spike Lee, como bem lembrou Liliane Heynemann (1994, p.73):

> Podemos, claro, identificar procedimentos formais que remetem aos filmes anteriores de Lee. A música comenta a ação e o "urbano" (Washington (Malcolm) e Lee (Shorty) na quase dança, na sequência do barbeiro). A tensão é concentrada numa gestualidade exasperante (que atingiu seus melhores resultados em Faça a Coisa Certa) evoluindo para uma economia gestual à medida que o personagem envelhece.

O filme de Lee é repleto de efeitos sonoros, para contextualizar a época em que se passou a vida de Malcolm ou então para identificar um momento de tensão e suspense, como na cena inicial que apresenta ao público uma espécie de som fúnebre enquanto a bandeira dos Estados Unidos queima. Em outro momento, quando Malcolm lidera um grupo de negros em uma marcha pelo Harlem, Spike, para causar uma sensação de guerra, apresentou os personagens secundários em posição de pelotão e focalizou Denzel Washington em *zoom*, com pose e gestos de um general, ao mesmo tempo que lançou como som de fundo o toque dos tambores presentes antes do início de um conflito armado. A técnica cria um efeito de sentido que remete o espectador à construção de uma possível micronarrativa na qual Malcolm é "poderoso".

Outra técnica comum, nos filmes de Spike Lee, que fica evidente em *Malcolm X*, é a coloração dos cenários e figurinos. Em relação a estes, por exemplo, nos anos iniciais da juventude de Malcolm, seu estilo de se vestir extravagante, com ternos "amigo da onça" de cores

152 VLADIMIR MIGUEL RODRIGUES

brilhantes e chamativas, ganha ainda mais vida no filme de Lee. Ao lado de Shorty, interpretado pelo próprio Lee, ambos são retratados com *blazers* e chapéus de cores de grande destaque, como verde, vermelho, amarelo. À medida que Malcolm envelhece e se torna muçulmano, suas roupas perdem a vivacidade e se tornam simples, destacando os paletós pretos e cinza. Dyson (1995, p.136) realça a coloração do filme de Lee:

> Lee evoca a fase criminosa da carreira de Malcolm com uma paleta de cores vibrantes que sugerem a atração de pessoas de cor à vida de prostituição nos anos 1940 e 1950. Com muita frequência, os tratamentos cinemáticos da vida de rua dos negros são reduzidos a um anexo de atividades chiques de brancos (como em *The Cotton Club*, de Francis Ford Coppola) ou uma aproximação caricatural e colorida de uma palhaçada análoga à da rua dos brancos (como em *Os donos da noite*, de Eddie Murphy). Com Lee, sentimos a pulsação e a paixão das ruas por meio de uma miscelânea de personagens astuciosos e estilizados que possuem inteligência e dignidade.

Em comparação a outros filmes de Lee, como *Do the right thing*, em que o cenário principal é o bairro norte-americano do Brooklyn em um verão quente, *Malcolm X* é encenado principalmente no Harlem, em um inverno em que quase não se vê a luz do sol, prevalecendo os tons cinzentos. Talvez Lee tenha feito essa escolha para retratar o conturbado momento racial em que o país vivia, pois não se veem muitos ambientes ensolarados na filmagem. As passagens do filme em que as cores são expressivas, como mostramos anteriormente – amarelo, vermelho e verde –, retratam os momentos de alegria de Malcolm em sua juventude, como é o caso do salão do baile. Por sua vez, o cenário cinzento representa o fúnebre e a tensão de alguns momentos da vida de Malcolm.

No cinema, a coloração tem, sobretudo, um forte impacto psicológico, de profunda simbologia, criando, nos espectadores, determinados sentimentos, sejam eles de alegria ou tristeza. As cores não precisam ser necessariamente belas, pois a beleza é uma questão

O X DE MALCOLM E A QUESTÃO RACIAL NORTE-AMERICANA **153**

arbitrária e relativa, mas as cores devem, sim, ser significativas no plano dos sentidos daqueles que assistem. As cores são importantes, também, para criar determinados efeitos e sentimentos nos espectadores, como constatam Vanoye e Goliot-Lété (1994, p.14).

Inevitavelmente, o elenco do filme é composto, em sua maioria, por artistas afro-americanos. Essa perspectiva não é única desse filme de Spike Lee. Porém, pelo fato de Malcolm ter vivido em guetos durante toda sua juventude e andar, durante a sua vida, na Nação do Islã, rodeado somente por negros, esse filme de Lee acabou por reunir um elenco, salvo algumas exceções, monocromático. Uma sequência bem interessante do filme, que ilustra essa perspectiva, é o momento em que o muçulmano Baines fala da presença dos negros no país, destacando a sua predominância nas penitenciárias. A câmera desliza da esquerda para a direita, enfocando os rostos dos detentos, um por um, todos negros.

A relação de Malcolm com a loura Sophia rendeu comentários de Dyson (1995, p.136), que afirmou que, no filme, há uma noção de degradação do relacionamento inter-racial:

> Em *Febre da selva*, Lee atravancou sua investigação do amor inter-racial com histórias divertidas e confusas sobre drogas e adultério. Aqui a experiência de Malcolm provoca uma virada cinematográfica no tratamento efetuado por Lee. A moral da história é a mesma da análise anterior de Lee: o amor inter-racial é letal e autodestrutivo.

Em *Malcolm X*, Spike Lee também utiliza um tipo de filmagem já presente em outros dos seus filmes, a *camera dolly*. Esse recurso é muito utilizado principalmente no enfoque dos personagens, focalizados pela parte de cima do corpo. Comparato (1996, p.312-7) descreve os formatos dessa e de outras câmeras utilizadas no filme:

> Os planos em movimento (*moving shots*) são: *dolly shot* costuma-se designar por *travelling* qualquer deslocamento da câmera que seja basicamente horizontal [...], o qual caracteriza-se pela aproximação

154   VLADIMIR MIGUEL RODRIGUES

(*dolly in*) ou pelo afastamento da objetiva (*dolly out*) e ainda, pelo *dolly back* que significa que a câmera retrocede, deixa a cena e desaparece. O ponto de vista é quando a câmera se situa ao nível dos olhos da personagem e temos a sensação de estar olhando através dela [...] temos um ponto de vista subjetivo [...]. Já no denominado *travelling shot* a câmera acompanha o movimento da personagem ou de alguma coisa que se mexe na mesma velocidade. A panorâmica (*pan*) pode ser dividida em horizontal (*paning*) e vertical (*tilling*). O *process shot* projeta uma cena pré-filmada por trás das personagens. A tela partida ou múltipla – mostra ações simultâneas. O *zoom* designa aproximação ou afastamento do objeto filmado.

A forma *shot* pode ser vista facilmente nas encenações dos discursos de Malcolm X, como em seu último discurso pela Nação do Islã. A câmera abre, focalizando o cenário de uma maneira geral, e apresenta a plateia pelo modo *travelling* até aproximar-se de Malcolm, que discursa ao público. Malcolm esbraveja contra a população branca, e, atrás do personagem interpretado por Denzel Washington, está a imagem de Elijah Muhammad, em um imenso quadro. A câmera aproxima-se em *zoom* do personagem principal, e a figura de Elijah fica em segundo plano, embora possa ser perfeitamente visualizada. A impressão que se tem pela cena é que Elijah está monitorando todos os passos de Malcolm.

Essa técnica utilizada por Lee mostra a situação de conflito entre Malcolm e Elijah, que, após esse discurso, expulsa seu principal ministro da Nação do Islã. Naquele momento, Malcolm estava em muito maior evidência que Elijah Muhammad, que não via com bons olhos o espaço cada vez maior ocupado por seu pupilo na mídia, que o identificava como o grande representante dos "muçulmanos negros".

A narrativa de Spike Lee também utiliza várias sequências em preto e branco, sejam elas na retratação dos personagens ou para mostrar fatos reais, em estilo documentário, pois, se, para Bernardet (1985, p.22), "o filme é uma composição artificial", Lee utiliza as imagens em preto e branco para dar vivacidade histórica à cena e parece estar mais próximo da verdade dos fatos. São várias as passagens em que o filme apresenta imagens reais da década de 1960. Assim aconteceu para retratar a relação entre Malcolm e Martin Luther King. Em determinado momento do filme, Denzel Washington, em *voice over*, aparece discursando contra a não violência e criticando outros líderes negros que aceitam a subordinação aos brancos. Enquanto fala, aparecem, na televisão de sua mulher Betty (Angela Basset), imagens de Martin Luther King.

Esse recurso é outra vez utilizado para retratar a morte de John Kennedy. Inicialmente, a câmera realiza um *zoom* em Denzel Washington, que começa o discurso dizendo que a morte do presidente simboliza o "tiro pela culatra do homem branco". Em seguida, ele sai de cena e somente seu discurso, em *voice over*, é ouvido, iniciando-se várias imagens do assassinato e da comoção nacional provocada pelo crime.

Vanoye e Goliot-Lété (1994, p.58) afirmam sobre a mistura entre o real e o fictício: "esse cinema, o 'cinema do real', como às vezes é chamado, em geral preenche uma função de testemunha do real". Spike Lee, ao utilizar a técnica, tenta proporcionar aos espectadores o "efeito do real", trazendo uma maior seriedade e veracidade à narrativa do seu Malcolm X.

Método de análise e cenas escolhidas

> *"Linda mulher preta! O homem preto sai por aí dizendo que quer respeito. Pois bem: o homem preto jamais conseguirá respeito de ninguém antes de aprender primeiro a respeitar suas próprias mulheres! O homem preto precisa hoje se levantar e se livrar das fraquezas que lhe foram impostas pelo senhor de escravo branco! O homem preto precisa hoje começar a defender, proteger e respeitar as suas mulheres!"*
>
> (Malcolm X apud Haley, 1965, p.233)

156   VLADIMIR MIGUEL RODRIGUES

Para tentarmos comparar texto e filme, adotamos a seguinte metodologia: escolhemos algumas sequências do filme que consideramos mais significativas para a construção da imagem cinematográfica de Malcolm X e que foram, de alguma maneira, extraídas do livro, principalmente de forma textual nos relatos de Malcolm X. Nota-se também que algumas cenas escolhidas foram construídas por Spike Lee sem, necessariamente, ter correspondência no texto escrito.

Dessa maneira, procuramos entender como Spike Lee, por meio de suas técnicas de filmagem, interpretou os relatos biográficos de Malcolm X e Haley e os transpôs para o cinema.

A cena inicial – bandeira dos Estados Unidos queimando

> *"Irmãos e irmãs, o homem branco fez uma lavagem cerebral em todos nós, pretos, impingindo-nos um Jesus de cabelos louros e olhos azuis! Estamos adorando um Jesus que nem ao menos se parece conosco! Pois agora me escutem, prestem atenção [...]o homem branco nos ensinou a gritar, cantar e rezar até morrermos, a esperar até a morte, por algum vago paraíso na outra vida, depois que estivermos mortos. Enquanto isso, o homem branco tem seu leite e mel nas ruas e calçadas com dólares de ouro, aqui mesmo nesta terra".*
>
> (Malcolm X apud Haley, 1965, p.232)

O plano de fundo inicial é totalmente preto, e ouvem-se as primeiras vozes eufóricas de uma plateia querendo escutar as palavras do ministro Malcolm X. O público aplaude, e, quando a voz de Denzel Washington começa a proferir o discurso de Malcolm, a bandeira dos Estados Unidos toma conta da tela. Uma melodia fúnebre é iniciada, enquanto ele diz em tom áspero:

O X DE MALCOLM E A QUESTÃO RACIAL NORTE-AMERICANA **157**

Estou aqui para dizer-lhe que eu acuso o homem branco. Eu acuso o homem branco de ser o maior assassino sobre a terra. Eu acuso o homem branco de ser o maior sequestrador sobre a terra. Não há nenhum lugar neste mundo que o homem possa ir e dizer que criou a paz e a harmonia. Por onde quer que ele tenha andado, ele causou devastação. Por onde quer que ele tenha andado, ele provocou destruição. Portanto, eu o acuso de ser o maior sequestrador desta terra! Eu o acuso de ser o maior assassino desta terra! Eu o acuso de ser o maior ladrão e escravocrata desta terra! Eu acuso o homem branco de ser o maior consumidor de suíno e alcoólatra desta terra! Eu acuso o homem branco de ser o maior consumidor de suíno e alcoólatra desta terra! Ele não pode negar as acusações. Você não pode negar as acusações! Nós somos a prova viva dessas acusações! Você e eu somos a prova. Você não é americano. Você é a vítima da América! Você não teve uma opção ao vir aqui. Ele não disse: "Homem negro, mulher negra, venham aqui e me ajudem a construir a América".

Enquanto o discurso é proclamado em *voice over*, a bandeira dos Estados Unidos, ao fundo, desaparece várias vezes, trocando de lugar com cenas reais, coloridas, e atuais do contexto em que foi filmado o longa-metragem (década de 1990), em que um negro é espancado por policiais.

É a cena do espancamento do taxista Rodney King, que ocorreu no dia 3 de março de 1991. As palavras de raiva e ódio ao homem branco são mostradas nesse instante. Denzel Washington segue com o discurso de Malcolm:

Ele disse: "*Preto*, entra no barco. Eu vou levá-lo para me ajudar a construir a América." Ter nascido aqui não faz de você um americano. Você e eu não somos americanos. Você é um dos 22 milhões negros que são vítimas da América. Você e eu, nós nunca conhecemos a democracia. Não há democracia nos campos da Geórgia. Não há democracia lá. Nós não conhecemos democracia no Harlem, no Brooklyn, em Detroit, em Chicago. Não há nenhuma democracia lá.

158 VLADIMIR MIGUEL RODRIGUES

Nós nunca conhecemos a democracia. Tudo o que conhecemos foi a hipocrisia. Nós não conhecemos nenhum sonho americano. Nós conhecemos somente o pesadelo americano.

Aos poucos, a bandeira dos Estados Unidos começa a queimar em meio ao som fúnebre e ao discurso de Malcolm. A bandeira sai de cena e as imagens do espancamento do negro voltam à cena, com ele caído no chão. O discurso fala, nesse momento, "Você e eu, nós nunca conhecemos a democracia", e ouve-se o público aplaudindo de maneira entusiasmada. Em instantes, as imagens brutais desaparecem e a bandeira queima até formar, em chamas, a letra X, do nome de Malcolm, quando o *voice over* do discurso e a música desaparecem.

Afirma Liliane Heynemann (1994, p.72-3) sobre a cena:

> Não importa aqui, a princípio, saber se Spike Lee foi bem-sucedido. Sua filmografia presta-se de forma exemplar à análise fácil de uma subversão quanto às fórmulas redentoras e autocomplacentes com que historicamente o cinema americano tratou a temática do racismo. Importa, sim, pensar essas imagens que nos são introduzidas sob a forma de um poderoso clichê: a bandeira norte-americana queimada, enquanto em off, um discurso igualmente constituído por clichês violentos acusa a civilização de autodestruição. Esse é também um aspecto interessante e certamente não se trata de um detalhe.

Essa cena não tem correspondência no livro, mas foi escolhida para análise pela altíssima representação simbólica que possui. Primeiramente, Spike Lee, ao criá-la, quer trazer à atualidade o discurso de Malcolm, pois, ao mesmo tempo, combina as palavras do líder com as imagens do abuso de autoridade por parte de policiais de Los Angeles contra um afro-americano nos Estados Unidos. É importante destacar que o caso "Rodney King" repercutiu internacionalmente. Vários confrontos civis ocorreram após o incidente,

O X DE MALCOLM E A QUESTÃO RACIAL NORTE-AMERICANA **159**

causando a morte de dezenas de pessoas, em um episódio conhecido como "1992 Los Angeles Riots".[1]

A cena que nos mostra a bandeira dos Estados Unidos queimando até a formação da letra X representa a construção fílmica de uma poderosa metáfora. O recurso metafórico foi criado como instrumento cinematográfico pelo cinema soviético de Sergei Eisenstein, conhecido pela revolução metafórica exemplificada na montagem de seus filmes, como o célebre *O encouraçado Potemkin* (Bernardet, 1985, p.49). Esse filme, que retrata a Revolução de 1905 na Rússia czarista, foi filmado em 1925 com o intuito de celebrar a Revolução Soviética, prestes a comemorar um decênio, e apresentou ao povo soviético a nova concepção artística da nação. A obra foi marcada por alegorias e metáforas, como na clássica cena da escadaria, uma das mais citadas na história do cinema, em que militares descem marchando ao lado de corpos caídos. A escada é o símbolo da hierarquia social do czarismo autoritário. Vanoye e Goliot-Lété (1994, p.64-5) afirmam sobre a construção metafórica:

A compreensão da metáfora baseia-se na analogia de sentido que existe entre o termo atualizado e o termo ausente que substitui. No cinema, são as imagens que desfilam e não as palavras. O efeito metafórico pode ser gerado da sucessão de imagens que produzem um sentido que "ultrapassa" o sentido literal. É a associação, mais ou menos, estreita, de imagens que rompem o estrito *continuum* narrativo que cria uma configuração metafórica (mais do que uma metáfora "pura").

A montagem metafórica da cena inicial feita por Spike tem o intuito de mostrar ao público que o símbolo (bandeira dos Estados Unidos) não corresponde às significações da realidade, ou seja, a ideia que se tem da nação americana como simbologia de liberdade

---

1 Para mais informações, acessar: <http://www.sciencedirect.com/science/article/B6W64-45YCT72-5/2/ee3e87b74cbbdfe99e408f80607fa9ee>. Acesso em: 10 mar. 2009.

160 VLADIMIR MIGUEL RODRIGUES

e democracia é simplesmente falsa, uma narrativa errônea quando confrontada com os fatos passados e contemporâneos, relacionados principalmente ao racismo, que, no caso demonstrado na cena inicial, corresponde às imagens do negro sendo espancado pelos policiais. Isso é somado ao discurso de Malcolm, proferido em meados de 1960, mas que, à luz da construção cinematográfica, é mais do que atual. Portanto, a cena inicial já fornece subsídios ao público de que aquele não é um filme "convencional" sobre o racismo, como disse Heynemann (1994), tendo como objetivo, na verdade, desconstruir a ideia de que os Estados Unidos representam o paraíso da liberdade e da democracia.

A simbologia da alienação – os cabelos lisos, *"looking like whites!"*

> *"A mais perigosa criação no mundo, em qualquer sociedade, é um homem sem nada a perder."*

> (Malcolm X apud Haley, 1965, p.196)

No texto biográfico, Malcolm afirmou várias vezes que, durante sua juventude alienada, utilizava produtos capilares para que seu cabelo se tornasse mais liso, como o dos brancos:

> Minha primeira olhada no espelho fez o sofrimento dissipar. Eu tinha visto alguns cabelos alisados e bonitos, mas quando é a primeira vez, na sua própria cabeça, a transformação, após uma existência de embaraçamentos, é surpreendente. O espelho refletiu Shorty atrás de mim. Ambos estávamos sorrindo e suando. E minha cabeça estava coberta por estes cabelos vermelhos – vermelhos mesmo – grossos e sedosos, tão lisos quanto os de qualquer branco. Como eu era ridículo! Estúpido o suficiente para ficar lá simplesmente perdido, admirando meus cabelos, que agora pareciam de branco, refletidos no espelho no quarto de Shorty. Eu jurei nunca

O X DE MALCOLM E A QUESTÃO RACIAL NORTE-AMERICANA **161**

mais deixar de alisar meus cabelos, e eu nunca deixei por muitos anos. Este foi meu primeiro passo realmente importante para a autodegradação: quando eu suportei toda aquela dor, literalmente queimando minha carne, para ter meus cabelos parecidos com os do branco. Eu tinha-me juntado a essa multidão de homens e de mulheres Negros da América que são forçados a acreditar que as pessoas negras são "inferiores" – e que as pessoas brancas são "superiores" – e que eles chegarão até mesmo a violar e mutilar seus corpos criados por Deus para tentarem parecer "bonitos", segundo os padrões dos brancos. (AMX, p.45)

Spike Lee, ao passar do código escrito para o código visual, utilizou o hábito de Malcolm para criar duas cenas simbolicamente marcantes.

A primeira acontece no início do filme, quando Malcolm chega a Boston. A cena da barbearia é totalmente fiel ao relato literário: Spike Lee (como Shorty) prepara os ingredientes da mistura; Denzel Washington representa um Malcolm jovem, que é colocado em uma cadeira e urra de dor quando a pasta de batata e cebola é passada em seu cabelo. A cena termina com a câmera aberta procedendo a um *zoom* no reflexo do espelho da barbearia, que mostra o rosto de Washington, muito feliz com o cabelo liso, e, ao fundo, outros negros que ali estavam sorriem e o aprovam. Washington, satisfeito, olhando para o espelho e comentando com os colegas, diz: "Parece branco, né? Tudo bem! Bom, tudo legal! Tudo nos conformes!".

A cena do filme torna muito mais simbólica a "metáfora do espelho", onipresente na análise das questões raciais. Ao olharmos para um espelho, podemos perguntar: o que ele representa? O reflexo de uma imagem real? Malcolm, negro, olha para o espelho, entretanto não se vê representado como tal no vidro. Ele olha e, na verdade, com seus cabelos lisos, vê a imagem de um homem branco. West (1993, p.114) compara a questão do alisamento de Malcolm ao processo de branqueamento feito por Michael Jackson:

162 VLADIMIR MIGUEL RODRIGUES

Por exemplo, Michael Jackson pode ter razão em querer ser visto como uma pessoa e não como uma cor (nem preto nem branco), mas suas reformas faciais acusam uma autoavaliação baseada em padrões brancos. Assim, apesar de ele ser um dos maiores showmen de todos os tempos, continua a se enxergar, pelo menos em parte, através dos padrões estéticos brancos, que desvalorizam algumas de suas características africanas. Evidentemente, o caso de Michael Jackson é apenas a demonstração mais franca e visível de uma autoaversão muito difusa entre um grande número de negros que exercessem profissões qualificadas.

Spike Lee repetiu a cena mais à frente, antes de Malcolm e Shorty serem presos por formação de quadrilha. A cena é iniciada com a câmera focalizando Washington sentado, no centro, com Spike por trás, aplicando a pasta no cabelo do amigo. A câmera, então, gira em 360 graus, mostrando o ambiente até voltar em Malcolm; o cenário é apresentado de forma a mostrar as centenas de objetos roubados pela quadrilha. Após a aplicação, Malcolm, com o couro cabeludo queimando, vai em direção de uma torneira para lavar a cabeça; não há água; desesperado, recorre à privada para lavar a cabeça.

Essa cena não está presente no texto biográfico. No entanto, Spike Lee vai além do texto escrito, criando uma imagem que tem como objetivo mostrar, metaforicamente, em que estágio a vida de Malcolm estava: completamente viciado, violento e líder de uma quadrilha de assaltantes.

A privada, na verdade, é uma metáfora que representa a podridão em que se encontrava o comportamento de Malcolm, é o símbolo máximo de sua alienação e declínio de personalidade, anunciando o que viria pela frente em sua vida: a prisão, oficializada por um policial que invade o apartamento, em seguida, chamando-o de *nigger*, enquanto ele molha a cabeça com a água do vaso sanitário.

O X DE MALCOLM E A QUESTÃO RACIAL NORTE-AMERICANA **163**

A doutrinação de Malcolm – as revelações do dicionário

"O que é importante na minha maneira de pensar a respeito, é que entre os 22 milhões de pretos da América só relativamente poucos haviam tido a sorte de poderem cursar uma universidade [...] será que podem compreender que esse é um dos principais motivos pelos quais o homem branco da América tem conseguido tão facilmente reprimir e oprimir o homem preto da América?"

(Malcolm X apud Haley, 1965, p.278)

Para o público atento e crítico, esta cena certamente ficou marcada na memória: a leitura do dicionário feita por Malcolm X, acompanhado do amigo doutrinador, Baines. No texto biográfico, ele revela que ler o dicionário foi um procedimento fundamental para a aquisição de sua consciência:

Eu vi que a melhor coisa que eu poderia fazer era conseguir um dicionário – para estudar, para aprender algumas palavras. Eu tive sorte o bastante para concluir também que eu devia tentar melhorar minha caligrafia. Era lamentável. Eu não conseguia nem mesmo escrever em uma linha reta [...]. Eu passei dois dias apenas folheando de forma incerta as páginas do dicionário. Eu nunca havia percebido que existiam tantas palavras! Eu não sabia quais palavras eu precisava aprender. Finalmente, para começar algum tipo da ação, eu dei início a uma cópia [...]. Acordei na manhã seguinte pensando sobre aquelas palavras – imensamente orgulhoso de perceber que não somente eu tinha escrito tanto de uma única vez, mas que eu também tinha escrito palavras que eu nem sequer sabia que existiam. Além disso, com pouco esforço, eu também podia lembrar o que muitas destas palavras significavam. Eu revia as palavras cujos significados eu não lembrava. Uma coisa engraçada é que, da primeira página do dicionário até agora,

164 VLADIMIR MIGUEL RODRIGUES

a palavra "aardvark" ("porco-da-terra") fica voltando à minha memória. O dicionário trazia uma foto desse mamífero africano escavador, de cauda e orelhas longas, que se alimenta de cupins capturados com auxílio de sua língua, tal qual um tamanduá faz para se alimentar de formigas. Eu estava tão fascinado que prossegui – copiei a página seguinte do dicionário. E aconteceu a mesma coisa quando eu estudei então essa página. Com cada página que se seguia, eu também aprendi sobre pessoas e lugares e fatos históricos. Na verdade, o dicionário funciona como uma enciclopédia em miniatura. (AMX, p.185).

No filme, Spike Lee transformou e ampliou o relato em uma poderosa cena que traz o paradoxo maniqueísta entre branco, representando o Bem, e negro, significando o Mal. A cena tem início com a câmera focalizando um diálogo entre Washington e Baines (Albert Hall), sobre a cor de Jesus, tema já abordado no Capítulo 2. Malcolm e Baines, então, caminham para a biblioteca, onde, sentados, começam a discutir sobre o dicionário quando Baines pede para Malcolm verificar o verbete *black*:

> Destituído de luz, desprovido de cor, encoberto pela escuridão, por consequência, totalmente, sombrio e obscuro como "O futuro parecia negro". "Sujo de terra", imundo. Escuro, hostil, medonho como "um dia negro". Pérfida ou excessivamente perverso como em "crueldade negra". Indicando desgraça, desonra ou culpa. E há ainda outras: *blackmail* (chantagem), *blackball* (votar contra), *blackguard* (vilão).

Depois de checar a palavra *black*, Washington segue para o verbete *white*: "A cor da neve pura. Refletindo todos os raios do espectro. O oposto do preto. Sem mácula ou defeitos. Inocente. Puro. '*Sem más intenções. Inofensivo. Honesto, correto e decente'*".

Ao finalizar, perplexo, Malcolm diz: "Espere um momento, isso foi escrito por brancos. Certamente não é um livro pra negros. Então, por que lê-lo?". Baines responde: "Para que você possa ler a verdade

O X DE MALCOLM E A QUESTÃO RACIAL NORTE-AMERICANA **165**

oculta pelas palavras. Você tem de pegar tudo o que o homem branco diz e usar contra ele".

A cena termina com Malcolm lendo outros verbetes a partir da letra A, como mostrou o relato autobiográfico anteriormente mencionado. Durante a cena do dicionário, especificamente, a câmera tirou o foco dos personagens e passou a criar planos a partir das páginas do livro, dando *zooms* nas palavras lidas por Malcolm, uma espécie de passeio visual pelos verbetes do dicionário, indo de cima para baixo, da esquerda para a direita e vice-versa.

O distanciamento dessa cena em relação ao relato cinematográfico foi feito com o propósito de ressaltar que o preconceito em relação aos negros ultrapassa as esferas sociais e políticas, impondo-se no plano do código linguístico, presente no dia a dia das pessoas em falas comuns e que muitas vezes passam despercebidas. As pessoas as usam no dia a dia sem, necessariamente, saberem, de fato, o seu real significado. De tanto serem usadas, tornam-se normais e cristalizam-se no senso comum e no imaginário da linguagem. Por extensão, ao longo de séculos, criam uma dicotomia entre brancos e negros que se perpetua pela história, consagrando na palavra *white* o que é belo, bom, verdadeiro, justo, e na palavra *black*, todos os seus antagonismos possíveis.

O discurso radical contra os brancos e o caos da comunidade negra

> *"Não lutamos por integração ou por separação. Lutamos para sermos reconhecidos como seres humanos. Lutamos por direitos humanos."*
>
> (Malcolm X apud Haley, 1965, p.283)

A cena apresentada a seguir está inserida no início do que chamamos de "consciência radical", quando Malcolm, após sair da prisão, torna-se um ministro em ascensão dentro da Nação do Islã. O objetivo dessa cena, se analisarmos a obra literária, é mostrar a

166 VLADIMIR MIGUEL RODRIGUES

realidade do Harlem e a situação depreciativa em que se encontrava a
garota com quem Malcolm teve um breve namoro, Laura, retratada
da seguinte maneira na autobiografia:

> Mas Laura realmente gostava da escola. Disse que queria ir para
> faculdade. Ela gostava muito de álgebra, e planejava especializar-se
> em ciências [...].
> Laura nunca mais veio à farmácia enquanto eu trabalhava lá. A
> outra vez que eu a vi, ela era uma mulher em ruínas, conhecida nos
> arredores da parte negra de Roxbury, constantemente presa e libe-
> rada da cadeia. Ela havia terminado o colegial, mas já nessa época
> ela tinha se desvirtuado. Provocando sua avó, ela tinha começado a
> sair tarde e a beber. Isso a levou às drogas, e, em consequência disso,
> a vender seu corpo para os homens. Ao aprender a odiar os homens
> que a compravam, ela também virou lésbica. Uma das vergonhas
> que eu carrego há anos é que eu me culpo por tudo isso. Tê-la
> tratado como eu tratava uma mulher branca acarretou um desastre
> ainda pior. A única desculpa que eu posso oferecer é aquela de que,
> como muito dos meus irmãos negros hoje, eu era surdo, cego e mudo
> [...]. Eu reencontrei Laura. Nós estávamos muito contentes de nos
> ver. Ela estava muito mais parecida comigo agora, uma garota para
> diversão. Conversamos e rimos. Ela parecia muito mais velha do que
> realmente era. Ela não tinha nenhum companheiro, ela fazia alguns
> bicos por aí. Fazia muito tempo que ela tinha mudado da casa da avó.
> Laura me disse que tinha terminado os estudos, mas que desistira da
> ideia da faculdade. Sempre que eu a encontrava, ela estava chapada,
> inclusive agora; nós fumávamos uns baseados juntos. (AMX, p.75).

Malcolm culpava-se pelo trágico destino que teve Laura, após ela
ser trocada pela loura com quem ele namorou, Sophia. A garota que
vivia com a avó, até então dedicada aos estudos, largou a vida comportada que tinha e passou para o mundo marginal, da dependência
da cocaína, do álcool e da prostituição.

Na cena sobre a vida que Laura levava como garota de programa,
Spike Lee utilizou o exemplo da garota para mostrar a realidade de

O X DE MALCOLM E A QUESTÃO RACIAL NORTE-AMERICANA **167**

muitas mulheres do Harlem, enquanto Denzel Washington, em *voice over*, narra um dos mais críticos discursos de Malcolm sobre a realidade das comunidades negras:

> O que aconteceu com nossas mulheres? Elas poderiam ter sido médicas, advogadas ou professoras ou mães. Quem vai criar nossos filhos? O que aconteceu com nossos homens? Homens que poderiam ter sido matemáticos, eletricistas, médicos. O que o garotinho vai fazer enquanto espera seu pai que está na cadeia? O que a garotinha vai fazer enquanto espera sua mãe que saiu pra se vender?

A cena, feita por meio da técnica *dolly*, mostra a câmera percorrendo o caminho de Malcolm por uma rua abandonada do Harlem, dominada por prostitutas drogadas dançando e se oferecendo aos que passam na rua, ávidas por clientes; tentam seduzi-lo, mas Malcolm caminha rapidamente sem sequer olhar para elas; a descrição da cena é feita pelas palavras do seu discurso em *voice over*.

A câmera retira o foco de Denzel Washington: uma garota negra aparece, ela está olhando fixamente para ele, que não está mais no plano de cena; a câmera a focaliza; seu cliente ao lado, um senhor branco, a chama: "Laura, espere por mim". Os dois seguem para dentro de um cômodo de uma casa abandonada para a realização do programa. A imagem desaparece, e inicia-se uma nova cena com Malcolm continuando o discurso, não mais em *voice over*, e sim com sua figura aparecendo em discurso dentro de um templo da Nação do Islã.

O processo de transcodificação dessa cena tenta combinar um discurso de Malcolm que indaga sobre as condições deploráveis das mulheres negras – "O que aconteceu com nossas mulheres? Elas poderiam ter sido médicas, advogadas ou professoras ou mães" – com a descrição de Laura no texto escrito: "Provocando sua avó, ela tinha começado a sair tarde e a beber. Isso a levou às drogas, e, em consequência disso, a vender seu corpo para os homens".

Soma-se a esse cenário a presença de um velho branco que está pagando para a realização do programa sexual. O homem branco é

168 VLADIMIR MIGUEL RODRIGUES

considerado, nessa fase da vida de Malcolm, como o "demônio", responsável pela desgraça e pela desestruturação da família negra norte-americana.

Quando Malcolm acaba de falar as últimas palavras sobre a situação do Harlem, o homem branco aparece e a cena acaba com o sexo entre ambos. Portanto, a impressão que se tem é a de que ele é o culpado pelo fato de as mulheres negras não serem "advogadas, médicas, professoras e donas de casa", e sim prostitutas de esquina. Com esse desenlace, Spike Lee tem, como objetivo, consolidar a perspectiva "demoníaca" que Malcolm X tem em relação aos homens brancos.

A chegada a Meca e a transformação do discurso

> *"Na América, 'homem branco' significa atitudes e atos específicos em relação ao homem preto, em relação a todos os homens não brancos. Mas no mundo muçulmano eu conhecera homens de pele branca que eram mais genuinamente fraternais que quaisquer outros que encontrara anteriormente."*
>
> (Malcolm X apud Haley, 1965, p.344)

Um dos momentos mais eufóricos da vida de Malcolm X descritos no texto biográfico acontece quando ele visita o local sagrado para o islamismo, a cidade de Meca:

Minhas palavras não conseguem descrever a nova mesquita que estava sendo construída em torno da Caaba. Eu fiquei impressionado ao perceber que ela era apenas uma das fantásticas tarefas de reconstrução sob a direção do jovem D. Azzam, que acabara de ser meu anfitrião. A Grande Mesquita de Meca, quando estiver terminada, ultrapassará a beleza arquitetônica do Taj Mahal indiano. Carregando minhas sandálias, eu segui o Mutawaf. Eu, então,

O X DE MALCOLM E A QUESTÃO RACIAL NORTE-AMERICANA **169**

vi a Caaba, uma enorme casa de pedra preta no meio da Grande Mesquita. Ela estava sendo circungirada por milhares e milhares de peregrinos em louvor, de ambos os sexos, e todos os tamanhos, formas, cores, e raças do mundo. Eu conhecia a oração a ser feita quando os olhos do peregrino observam a Caaba pela primeira vez. Traduzido, é "Ó Deus, tu és a paz, e a paz deriva de Ti. Então saúda-nos, ó Senhor, com a paz." Ao entrar na Mesquita, o peregrino deve tentar, se possível, beijar a Caaba, mas se as multidões o impedem de chegar tão próximo, ele a toca, e se as multidões o impedem de fazer isso, ele levanta a mão e grita "Takbir!" ("Deus é grande!"). Eu não conseguia me aproximar mais. "Takbir!" Meu sentimento ali, na Casa de Deus, era de torpor. (AMX, p.347)

Inicialmente, a transposição desse relato literário para o cinema contou com algumas cenas em solo egípcio, mostrando os desencontros linguísticos entre Malcolm e os árabes, e o passeio que ele fez pelas famosas pirâmides. O estilo de filmagem dessas cenas possui duas características marcantes: primeiramente, algumas imagens foram feitas como se tratasse de um relato de viagem, com a câmera às vezes filmando pelas mãos de um Denzel Washington que personificou um Malcolm extremamente feliz e sorridente ao conhecer a cultura e os pontos turísticos daquela região da África.

Em outra oportunidade, a imagem voltou ao estilo preto e branco, principalmente quando Washington estava no deserto, indo ao encontro das pirâmides. Mais uma vez, Spike utilizou o recurso para dar características documentais e históricas ao seu filme, criando o "efeito do real". Nota-se também que Spike procurou colocar na cena dois homens brancos que seguiam Malcolm em sua viagem. Malcolm os descreveu, assim como o fez no texto biográfico – "homens da CIA". Já é um índice utilizado por Spike Lee para mostrar que Malcolm estava sendo monitorado pelo governo dos Estados Unidos.

As cenas da peregrinação a Meca têm poucos diálogos. A maior parte delas é feita em *voice over*, com trechos das cartas que Malcolm escreveu para Betty, que estava nos Estados Unidos. Nesse

170 VLADIMIR MIGUEL RODRIGUES

momento, Spike utiliza excertos do texto biográfico para compor o *voice over*. Escreve Haley no livro:

A primeira carta foi, naturalmente, para minha esposa, Betty. Eu nunca tive um momento de dúvida de que ela, após a surpresa inicial, mudaria seu pensamento para acompanhar o meu. Eu tinha tido milhares de provas de que a fé de Betty em mim era total. Eu sabia que ela veria o que eu tinha visto – que na terra de Muhammad e na terra de Abraão, eu tinha sido abençoado por Alá com uma nova visão sobre a verdadeira religião do Islã, e uma melhor compreensão de todo o dilema racial da América. (AMX, p.212)

Nessas cartas, Malcolm procurou mostrar a Betty e à mídia dos Estados Unidos que havia tido uma grande transformação em sua personalidade. E serão essas transformações as palavras que Spike Lee escolheu para montar seu *voice over*. Em uma das passagens mais representativas da mudança de personalidade de Malcolm, Spike montou a seguinte cena: Denzel Washington, com as vestes islâmicas, participa de um ritual religioso, ladeado por vários outros crentes, de pele branca. Ele afirma:

Ora, você pode estar chocado com estas palavras, mas eu comi no mesmo prato, bebi no mesmo copo e rezei para o mesmo Deus que Muçulmanos, cujos olhos eram azuis, cujo cabelo era loiro, e cuja pele era de um intenso brancor. E nós éramos verdadeiramente todos irmãos. Povos de todas as cores e raças acreditando em um único Deus, em uma única humanidade. Cada hora nesta terra sagrada me oferece uma maior compreensão espiritual do que está acontecendo na América. O negro americano nunca poderá ser responsabilizado por suas animosidades raciais. Ele está apenas reagindo aos anos de opressão e discriminação. Mas como o racismo conduz a América ao caminho do suicídio, eu acredito firmemente, a partir das experiências que eu tive com eles, que os brancos da geração mais nova, nas faculdades e nas universidades, verão os presságios, e muitos deles se voltarão para caminho espiritual da

O X DE MALCOLM E A QUESTÃO RACIAL NORTE-AMERICANA **171**

verdade – a única maneira deixada para a América evitar o desastre ao qual o racismo deve inevitavelmente levar. (AMX, p.213)

A imagem de Malcolm com os muçulmanos brancos é substituída pela imagem de Betty que, juntamente com a narração *voice over*, lê a mensagem reveladora para outros muçulmanos que seguiam Malcolm, em uma mesquita nos Estados Unidos.

Spike conseguiu, por meio do cinema, criar uma substancial alegoria que representasse a modificação de consciência de Malcolm, que outrora chamava o homem branco de "demônio", mas agora mudava significativamente seus conceitos e compartilhava do pão e do vinho com homens de todas as cores, inclusive brancos de olhos azuis. Percebe-se aqui que a dicotomia "branco *versus* negro" é abandonada.

Se em cenas anteriores que representavam a sua "radicalização religiosa" o Malcolm de Spike Lee somente usava roupas que tendiam para a tonalidade preta, andando, de cara fechada, unicamente com pessoas de sua raça, nesse momento da narrativa, ele veste os trajes brancos e anda, com expressão de realização pessoal e espiritual, com pessoas de todas as cores. Também é interessante ressaltar que Meca é filmada com um sol e calor extenuantes, diferentemente da paisagem sombria do Harlem nova-iorquino. É a representação metafórica de sua total transformação como pessoa.

Cena final – o assassinato de Malcolm X

> *"E agora divirtam-se, dancem! Cantem! Mas, enquanto o fazem... Lembrem-se de Mandela, lembrem-se de Sobokwe! Lembrem-se de Lumumba em sua sepultura! Lembrem-se dos sul-africanos que estão neste momento na cadeia."*
>
> (Malcolm X apud Haley, 1965, p.367)

172 VLADIMIR MIGUEL RODRIGUES

No último capítulo do texto autobiográfico, Malcolm já anuncia aos leitores que sua vida estava com os dias contados:

Eu estou apenas encarando os fatos quando eu sei que qualquer momento, ou qualquer noite, poderia me trazer a morte. Isto é particularmente verdadeiro desde a última viagem que eu fiz para o exterior. Eu vi a natureza das coisas que estão acontecendo, e eu ouvi coisas de fontes confiáveis. Especular sobre a morte não me incomoda como poderia fazer com determinadas pessoas. Eu nunca tive a impressão que eu viveria até me tornar um homem idoso. Mesmo antes de eu ser Muçulmano – quando eu era um garoto de programa na selva do gueto, e depois um criminoso na prisão, sempre pairou em meu pensamento que eu teria uma morte violenta [...].

Agora, cada manhã que acordo, eu considero como sendo um outro dia que me é emprestado. Em qualquer cidade, onde quer que eu vá, fazendo discursos, conduzindo reuniões da minha organização, ou cuidando de outros negócios, os negros estão prestando atenção em cada movimento que eu faço, esperando a oportunidade de me matar. Eu anunciei publicamente muitas vezes que eu sei que eles têm suas ordens. Qualquer um que escolha não acreditar no que eu estou dizendo é porque não conhece os Muçulmanos da Nação do Islã. No entanto, eu sou abençoado também por ter seguidores fiéis que são, acredito eu, tão dedicados a mim como eu já fora ao Sr. Elijah Muhammad. Aqueles que caçavam homens devem se lembrar de que uma selva possui também aqueles que caçam os caçadores. Eu sei, também, que eu poderia morrer de repente nas mãos de alguns racistas brancos. Ou poderia morrer nas mãos de algum Negro contratado pelo branco. Ou poderia ser algum Negro influenciado seguindo sua própria noção de que me matando ele estaria ajudando o homem branco, porque eu falo sobre branco da maneira como eu falo. (AMX, p.389-90)

Nesse contexto, Spike Lee pôde, ainda, contar com o subsídio de Malcolm para transcodificar esse momento da vida do líder negro para o seu relato cinematográfico. O diretor começou a montar a

O X DE MALCOLM E A QUESTÃO RACIAL NORTE-AMERICANA   **173**

tragédia que marcou o final da vida de Malcolm a partir do instante em que ele volta a Nova York após a viagem a Meca, época em que Malcolm X não teve paz, foi perseguido por membros da Nação do Islã e da CIA que gravavam suas conversas por telefone e o perseguiam no dia a dia.

Primeiramente, Spike Lee vale-se de um procedimento de colagem de uma foto original de Malcolm para a montagem de uma cena cinematográfica.

No caso, utilizou o retrato em que Malcolm, portando uma arma, olha pela janela de sua casa para verificar se há alguém, do lado de fora, perseguindo-o.

A câmera focaliza Malcolm, estático, com a arma nas mãos. A cena é filmada, inicialmente, em preto e branco, para, mais uma vez, dar tons verídicos ao filme, conforme a foto original de Malcolm, para depois voltar à ficção, trazendo as cores para a narrativa. Denzel Washington sai da posição estática, atende ao telefone, e alguém diz: "Malcolm, você é um preto morto. Seus dias na Terra estão contados, irmão". Ele já esperava a ameaça, como vimos na biografia.

Spike Lee debruçou-se nos últimos relatos da biografia feitos por Haley e também no epílogo escrito pelo autor para descrever o assassinato e os momentos finais de Malcolm. Por meio de seu relato biográfico, sabia que, nos seus últimos dias de vida, Malcolm vislumbrava uma morte violenta, como acontecera com vários integrantes de sua família, principalmente seu pai.

O diretor, até alcançar a cena final da vida de Malcolm, tratou de filmar o clima hostil em que ele estava vivendo. Logo depois da cena que descrevemos anteriormente, a casa de Malcolm é queimada. Outra vez, Spike utilizou o recurso do preto e branco, com Malcolm e um repórter focalizados pela câmera e o primeiro discursando sobre os porquês daquele ocorrido.

Pouco depois, o diretor, por meio do seu viés, já começa a dar pistas dos possíveis assassinos de Malcolm. A cena é elaborada da seguinte maneira: a câmera abre mostrando o cenário composto por vários negros sentados a uma mesa. A câmera a percorre e os mostra com um punhado de armas e munição. Trata-se dos mesmos homens

174 VLADIMIR MIGUEL RODRIGUES

que, mais tarde, irão praticar o assassinato. No texto literário, Haley enfatizou que alguns muçulmanos negros haviam sido treinados pelo próprio Malcolm para táticas de guerrilha.

Em outro momento, Malcolm está instalado em um hotel por culpa da perseguição que sofre. O telefone toca várias vezes. Ele não atende, pois está sendo perseguido. A câmera o focaliza em *zoom* e seu rosto gira 360°.

É uma alegoria do momento em que está vivendo, sua vida está completamente de cabeça para baixo, ele não sabe quanto tempo vai viver nem como estão sua mulher e filhos. Na realidade, nesse momento Malcolm está em Los Angeles e sofreu dura perseguição por parte da Nação do Islã.

Cansado de ouvir o barulho do telefone, Malcolm atende. É sua esposa. Enquanto fala com Betty ao telefone, a câmera o coloca em segundo plano, dando um *zoom* no abajur do quarto, em que se encontra um pequeno microfone. A câmera procede a um *zoom* ainda maior no instrumento; a cena progride para um novo plano em que a câmera, na técnica *dolly*, percorre uma parede da esquerda para a direita, na horizontal, mostrando fotos da viagem de Malcolm a Meca. Por fim, a câmera para em dois homens brancos sentados a uma mesa. Eles ouvem a conversa de Malcolm por meio das escutas clandestinas. Ele diz a Betty:

Eu vou parar de falar. A Nação do Islã está por trás disso. Eu sei o que eles podem e não podem fazer. Eu os treinei. Algumas coisas que aconteceram nos últimos tempos, eu vou parar de falar, são eles, a Nação do Islã. E eles não estão sozinhos. Estão sendo ajudados por alguém.

Paralelamente, os seus assassinos entram no prédio em sua captura, mas em vão.

Teria, por meio dessa cena, Spike Lee insinuado que a CIA atuou juntamente com a Nação do Islã na execução de Malcolm? A combinação dos diálogos e das cenas elaboradas pelo diretor nos leva a crer nessa perspectiva.

O X DE MALCOLM E A QUESTÃO RACIAL NORTE-AMERICANA **175**

O seu assassinato começa com uma sequência brilhante de cenas, e a sonoridade desempenha uma função essencial. A canção de fundo é *A change is gonna come*, sucesso de 1964, de Sam Cooke, cuja letra tem os seguintes dizeres:

> Eu nasci perto de um rio em uma pequena barraca, e como o rio, eu tenho corrido há muito tempo desde então, mas sei que um dia a mudança vai acontecer. Viver tem sido muito penoso, eu tenho medo de morrer, e não sei o que há lá em cima para além do céu. Tem demorado, mas sei que uma mudança vai acontecer. Eu vou ao cinema e ao centro da cidade. Alguém fica me dizendo "Não fique passeando". Tem demorado, mas sei que uma mudança vai acontecer, então eu me viro pro meu irmão e digo "Irmão, por favor me ajude", mas ele acaba me derrubando de joelhos. Houve vezes em que pensei que eu não resistiria por muito tempo, mas agora eu me sinto capaz de seguir em frente. Tem demorado, mas eu sei que uma mudança vai acontecer.

Enquanto *A change is gonna come* é ouvida como som de fundo, a câmera filma três carros em sequência: em um, estão os assassinos de Malcolm, em outro, a mulher e as filhas de Malcolm, e no terceiro, Denzel Washington, interpretando um Malcolm sério, com semblante triste, como se esperasse a morte naquele dia. Pode-se perceber um quarto carro, ainda, pois, quando Malcolm dirige e a câmera o filma em perfil, ele está em primeiro plano, e no segundo, mas ainda visível, aparece outro carro com um homem branco que o fica observando. Seriam os membros da CIA que o estavam perseguindo? Os carros caminham juntos até a mesquita onde, enfim, a mudança, conforme diz a música, de maneira metafórica, chegaria para a vida de cada um deles, principalmente à de Malcolm. Dyson (1995, p.140) acrescenta sobre essa sequência:

> A cena do homicídio é uma dos relatos cinematográficos mais brilhantemente encenados do clímax emocional e do pandemônio que envolve um assassinato. Como acontece no filme todo, a escolha

que Lee faz da música é assombrosa e eficaz. Enquanto Malcolm segue em direção à morte no salão de baile Audubon, no Harlem, em seu lustroso Oldsmobile 98, o doce verso de agonia de "A change is gonna come" (escrito e musicado pelo grande ex-*gospel* Sam Cooke, outro gênio negro morto na flor da mocidade) captura a difícil situação de Malcolm. O melisma rico em compaixão, de autoria de Cooke, nos lembra, no entanto, que tem sido "difícil viver" e que ele tem "medo de morrer".

Dentro da mesquita, a esposa e as filhas de Malcolm caminham para seus lugares, quando uma das garotas deixa cair sua boneca no chão. A câmera a focaliza. Um homem aproxima-se, pega a boneca e a devolve para a garota, que agradece. O homem sorri, mas de maneira falsa. Ele será um dos que matarão Malcolm.

A câmera abre em um plano geral, focalizando a plateia, que lota a mesquita. Malcolm aguarda sua hora de pronunciamento. A câmera focaliza os presentes, procede a um *zoom*, simultaneamente, nos quatro homens negros envolvidos no assassinato, na esposa e nas filhas de Malcolm. Ele aproxima-se do púlpito e inicia o discurso, prontamente interrompido por um homem que grita ao fundo do público: "Tire sua mão do meu bolso!". A confusão tem início, e, rapidamente, um dos homens descarrega a arma em Malcolm, que sorri. Outros dois homens aproximam-se do corpo de Malcolm e fuzilam-no. Os assassinos tentam fugir, e uma verdadeira batalha é travada dentro e fora do local. Um dos envolvidos é quase linchado pelos presentes. Dyson (1995, p.37-8) afirma sobre a impunidade dos envolvidos no assassinato: "Além disso, Goldman analisa cuidadosamente a evidência conflitante do assassinato de Malcolm. Goldman sustenta que apenas um dos três assassinos condenados e presos está preso adequadamente, e que os outros dois continuam livres".

Spike Lee filmou essa cena com base nos vídeos da época e nos relatos do epílogo de Haley, tanto que a última cena, em preto e branco, mostra Denzel Washington sendo carregado na maca até uma ambulância, assim como mostram os vídeos oficiais da época. No hospital, um homem vem a público dizer: "A pessoa que você

O X DE MALCOLM E A QUESTÃO RACIAL NORTE-AMERICANA **177**

conhece Malcolm X se foi". A cena segue com um vídeo original de Martin Luther King Jr., que, durante a vida, teve vários desencontros com Malcolm. Ele diz:

> O assassinato de Malcolm X foi uma tragédia lamentável. E ele revela que há ainda muitas pessoas em nossa nação que degeneraram ao ponto de expressar discordância com assassinato e que nós não aprendemos a discordar sem sermos violentamente desagradáveis.

As cenas seguem em preto e branco, e, pela primeira vez no filme, imagens reais da vida de Malcolm X são mostradas. Elas são apresentadas juntamente com as de outras personalidades negras anteriores e posteriores a Malcolm X, como os membros do Panteras Negras. Ao mesmo tempo ouve-se, em *voice over*, a voz do ator Ossie Davis, o qual escreveu um epílogo sobre Malcolm X na autobiografia. Ele presta outra homenagem a Malcolm X, dessa vez no filme, em que consolida a figura de Malcolm como herói afro-americano:

> Aqui, nesta última hora, neste lugar tranquilo, o Harlem veio se despedir de uma de suas mais brilhantes esperanças, morta para sempre. Porque o Harlem foi onde ele trabalhou e lutou e combateu. Seu melhor lar, e onde seu coração esteve, e onde seu povo está. E é, por essa razão, mais adequado que nos encontremos mais uma vez no Harlem para compartilharmos com ele estes últimos minutos. Porque o Harlem sempre foi bondoso com aqueles que o amaram, que lutaram por ele e defenderam sua honra até a morte. Não é na memória dos homens que esta comunidade sitiada, desventurada não obstante orgulhosa encontrou um jovem defensor mais corajoso e galante do que este afro-americano que se encontra ainda invicto diante de nós. Muitos se perguntarão o que Harlem acha para homenagear neste jovem comandante tempestuoso e polêmico, e nós sorriremos e responderemos dizendo: "Você já conversou com o Irmão Malcolm? Ele já sorriu para você? Você já o escutou? Ele já fez realmente algo desprezível? Ele já esteve associado com violência ou qualquer outra confusão pública?". Por que

se você o tivesse feito, você conhecê-lo-ia, e, se você o conhecesse, saberia o porquê de devermos homenageá-lo. Malcolm era nossa humanidade, nossa humanidade negra e viva. Este era o significado dele para seu povo, e, ao homenageá-lo, nós homenageamos o melhor em nós mesmos. E então nós o conheceremos por aquilo que ele foi e por aquilo que ele é. UM PRÍNCIPE, UM PRÍNCIPE NEGRO E ILUSTRE, que não hesitou em morrer, porque ele também nos amou.

Após a declaração de Ossie Davis, a câmera mostra uma cena atual em que aparece uma professora celebrando com seus alunos, crianças, no dia 19 de maio, o aniversário de Malcolm X. Vários alunos, todos negros, levantam-se de suas carteiras e pronunciam: "Eu sou Malcolm X". Os primeiros são americanos, e os últimos sul-africanos, de Soweto, bantustão de Johanesburgo, ícone da luta pela democracia na África do Sul. Dyson (1995, p.142) conclui sobre a cena que constata a presença de Malcolm na sala de aula dos dias atuais, destacando que a herança do líder negro encontra-se nos jovens afro-americanos e africanos do mundo todo:

> Nessa parte, encenada nas salas de aula nos Estados Unidos e na África do Sul, as crianças repetiam "Eu sou Malcolm X", para indicar sua herança do legado do líder caído. Esse gesto é uma tentativa de Lee de resolver, de maneira cinemática, uma situação complexa: como fazer a juventude negra se identificar com a mensagem redentora de edificação racial de Malcolm. A resposta se apresenta não necessariamente elaborada e simples, mas revela o quão difícil é a tarefa de atingir a juventude negra. No entanto, a tentativa fracassada de Lee ao menos nos força a admitir como nossas tentativas mais desesperadas de reconhecer os problemas da juventude negra, seja por meio da lei ou da ordem ou por meio de um apelo a uma norma ética num passado de ouro de uma tradição negra, também fracassaram.

No caso americano, Spike Lee mostra que a memória de Malcolm ainda está presente no ensino da história dos Estados Unidos, sendo

O X DE MALCOLM E A QUESTÃO RACIAL NORTE-AMERICANA **179**

motivo de orgulho para a comunidade negra. A recordação de seu aniversário é a representação de que ele ainda permanece vivo no imaginário político e cultural dos Estados Unidos.

Já no caso da presença de crianças sul-africanas, Spike Lee destaca que a luta de Malcolm X ultrapassa as fronteiras dos Estados Unidos: é uma luta internacional. A questão dos direitos humanos aos negros americanos da década de 1960 era, na época, 1992, uma questão dos direitos humanos da população sul-africana que sofreu, praticamente, a mesma segregação da população negra dos Estados Unidos, no discriminatório regime conhecido como *apartheid*, em que a maioria negra vivia pobre, isolada e humilhada pela minoria branca, de origem, principalmente, britânica. Vanoye e Goliot-Lété (1994, p.58) afirmam sobre a análise e interpretação sócio-histórica do cinema:

> Um filme é um produto cultural inscrito em um determinado contexto sócio-histórico. Embora o cinema usufrua de relativa autonomia como arte (com relação a outros produtos culturais como a televisão ou a imprensa), os filmes não poderiam ser isolados dos outros setores de atividade da sociedade que os produz (quer se trate da economia, quer da política, das ciências e das técnicas, quer, é claro, das outras artes). Para compreender plenamente a produção cinematográfica de um determinado período, em um determinado país, é preciso se tornar economista, historiador (das instituições, das técnicas, das artes etc.), sociólogo [...].

Spike Lee levou em consideração o contexto mundial para descrever as últimas cenas de seu *Malcolm X*. Nos últimos instantes, por exemplo, aparece Nelson Mandela que seria homenageado com o Nobel da Paz um ano após o lançamento do filme. A câmera o focaliza no centro do plano. Ele diz aos alunos, em uma sala de aula, em Soweto:

> Assim como o Irmão Malcolm disse, declaramos nosso direito sobre esta Terra de sermos homens, de sermos seres humanos, de

180　VLADIMIR MIGUEL RODRIGUES

sermos respeitados como seres humanos, nesta sociedade, sobre esta Terra, neste dia, que nós pretendemos fazer existir...

Mandela sai de cena e Malcolm aparece proclamando um dos seus discursos mais famosos, que completa a frase do líder sul--africano: "por quaisquer meios necessários".

No momento em que o filme foi lançado, Mandela havia acabado de sair da prisão, onde ficara preso durante quase 30 anos por, entre outras coisas, ter tentado subverter o regime de *apartheid* em que vivia a sociedade sul-africana. O líder daquele país começava sua trajetória para chegar à Presidência da República. Spike finaliza o filme com a sua presença para mostrar que a luta pelos direitos humanos, em escala mundial, que Malcolm iniciou para a população negra, nas décadas de 1950 e 1960, ainda não havia terminado. A presença de Mandela mostra os diálogos entre a sociedade sul-africana e norte-americana, ressaltando o sofrimento que ambas passaram. A conexão é feita por meio do discurso de Malcolm. Dyson (1995, p.142-3) ressalta a participação de Mandela:

A aparição de Nelson Mandela, antes de sua ascensão à Presidência da África do Sul, é ao mesmo tempo fascinante e reveladora. Em uma coda ironicamente lancinante, a presença de Mandela reforça aos nossos olhos a dura sina dos heróis *vivos*, seu semblante envelhecido registra complexidades do destino que, em figuras como King e Malcolm, são removidas com a água sagrada do precoce martírio. No final do discurso de Mandela sobre Malcolm e a liberdade dos negros, não é a voz de Mandela, mas, sim, a de Malcolm que pronuncia a frase mais citada e mais mal compreendida: "por quaisquer meios necessários". Percebe-se naquele momento, ainda que muito levemente, a perda da autoridade heroica que marca nossa época e que remete milhões às palavras de esperança de um homem morto.

Dyson (1995, p.143-4) profere sua opinião sobre o filme de Lee, destacando-o como responsável pela consagração da

O X DE MALCOLM E A QUESTÃO RACIAL NORTE-AMERICANA 181

memória heroica de Malcolm X, assim como aconteceu com o texto autobiográfico:

> Acima de tudo, ao arriscar definir e interpretar uma figura circundada de polêmica racial e cultural, ele nos remeteu às nossas próprias lembranças, ou aos livros e documentários, à procura da verdade para nós mesmos. E ele fez mais que isso. Ele colocou o país a falar de uma figura cuja vida merecesse ser discutida, cujos empreendimentos merecessem um exame minucioso e crítico, e cuja carreira merecesse a mais ampla exposição possível. Muitos bons filmes conseguiram consideravelmente menos do que isso. Os filmes de Lee contribuíram significativamente para o heroísmo renovado de Malcolm X entre o negro e os outros americanos. Os grandes elogios ao seu filme, contudo, também, ironicamente, contiveram e superaram o interesse pelo líder inspirado pelo filme. Agora, os verdadeiros trabalhos de recuperação intelectual e política e de reconstrução do legado de Malcolm devem começar.

Portanto, o filme de Spike Lee, conforme tentamos mostrar, celebra a história de vida de Malcolm X, um herói norte-americano, negro, que lutou pela igualdade e liberdade de seus irmãos em seu país, e que, depois de morto, virou símbolo da luta pelos direitos humanos de populações afro-americanas, tornando-se ícone internacional, inspirando movimentos fora dos Estados Unidos em prol de um único ideal: valorização e afirmação da própria identidade.

Outras ausências e aproximações entre o livro e o filme

> *"Não é o fato de sentar à sua mesa e assistir você jantar que fará de mim uma pessoa que também esteja jantando. Nascer aqui na América não faz de você um americano."*

> (Malcolm X apud Haley, 1965, p.312)

182 VLADIMIR MIGUEL RODRIGUES

De acordo com o que analisamos anteriormente no Capítulo 2, Haley criou o seu Malcolm X, praticamente uma santidade no panteão negro norte-americano. Lee, ao conceber o seu Malcolm X para o campo das artes visuais, seguiu o mesmo caminho, porém com algumas diferenças em relação ao texto de Haley. Afirma Dyson (1995, p.129) em relação ao processo de criação cinematográfico:

> Embora a arte possa ocasionalmente prescindir da "realidade" (uma vez que, em seu melhor, a arte revela preconceitos culturais que moldam radicalmente as interpretações opostas dos acontecimentos), ela tem a obrigação de afirmar, se não a verdade, então a sua verdade.

Não obstante tenha utilizado o texto biográfico em boa parte do filme, Lee ignorou alguns pontos do texto de Haley, como na doutrinação islâmica inicial de Malcolm. Como verificamos no livro, essa doutrinação foi feita por Bimbi e os irmãos de Malcolm:

> Um dia, sem mais nem menos, Bimbi me disse, quando cruzei em seu caminho, que eu era um cara que tinha miolos, desde que aprendesse a usá-los [...]. Um dia, em 1948, depois que eu havia sido transferido para a Penitenciária de Concord, meu irmão Philbert, que estava sempre aderindo a alguma coisa, escreveu para dizer que, desta vez, descobrira a "religião natural para o homem preto". Ele pertencia agora a alguma coisa chamada "a Nação do Islã". Disse que eu deveria rezar a Alá por salvação [...]. A carta de Reginald continha muitas notícias e também uma instrução para mim: "Malcolm, não coma mais carne de porco e pare de fumar. Eu lhe mostrarei como sair da prisão". (AMX, p.169-70)

Já no filme de Lee, a doutrinação a Malcolm é feita, na penitenciária, exclusivamente, por um personagem fictício, de nome Baines, como constata Dyson (1995, p.137-8):

O X DE MALCOLM E A QUESTÃO RACIAL NORTE-AMERICANA **183**

Na sequência da prisão, Lee cria um personagem fictício chamado Baines (Albert Hall), que realiza o trabalho tanto do prisioneiro disciplinado Bimbi na autobiografia (que disse a Malcolm que ele "tinha cabeça" e deveria usá-la) como de seu irmão Reginald, que, junto com seu outro irmão, Philbert, tinha se tornado um membro da Nação do Islã. Reginald aconselhou Malcolm de que se ele "não comesse mais carne de porco" ou "fumasse qualquer cigarro", ele mostraria a Malcolm uma forma de escapar da cadeia.

Ao não retratar a relação de família entre Malcolm e seus irmãos, Lee recebeu várias críticas. Haley, no epílogo da biografia, mostra os vários desentendimentos entre Malcolm e os irmãos, Wilfred e Philbert, os quais eram membros atuantes da Nação do Islã e que, mesmo com a morte do irmão, continuaram fiéis à entidade e fizeram árduas críticas a Malcolm, já morto. Constata Haley:

> Dois irmãos de Malcolm X, Wilfred e Philbert, ambos os ministros muçulmanos pretos, defenderam a união total com Elijah Muhammad. Disse o ministro Wilfred X, da mesquita de Detroit: – Seríamos ignorantes se nos deixássemos confundir, começássemos a lutar entre nós, esquecendo quem é o verdadeiro inimigo. O ministro Philbert, da mesquita de Lansing, disse: – Malcolm era o meu próprio irmão de sangue... Fiquei abalado. Nenhum homem quer ver o seu próprio irmão destruído. Mas eu sabia que ele estava percorrendo um caminho temerário e extremamente perigoso. Fiz várias tentativas de desviá-lo desse curso. Quando ele estava vivo, tentei mantê-lo vivo; afora que ele está morto, não há nada que eu possa fazer. Indicando Elijah Muhammad, que estava sentado, o ministro Philbert X acrescentou: – Onde ele me levar, eu seguirei. (AMX, p.460)

Percebemos que Malcolm não tinha apoio nem de seus irmãos nos seus últimos dias de vida. Podemos pensar que seus irmãos poderiam estar envolvidos no seu próprio assassinato, se acreditarmos na hipótese de que ele foi assassinado pela Nação do Islã.

184 VLADIMIR MIGUEL RODRIGUES

E ainda, percebemos a completa submissão de seus irmãos a Elijah Muhammad, como acontecera com Malcolm no passado.

Dyson (1995, p.138) afirma que Lee criou o traidor Baines para não ter que explicar as complexas questões familiares que envolviam Malcolm e também para não focar o ciúmes que Elijah Muhammad nutria em relação a Malcolm pela sua onipresença na mídia:

> Ao fazer de Baines a fonte das conversas de Malcolm, Lee não tem que elucidar as confusas ironias que estavam envolvidas quando Malcolm observava o ostracismo forçado de Reginald, o mesmo irmão que o tinha apresentado à fé. E ao fazer de Baines o traidor de Malcolm, por causa do seu ressentimento (bem como o ressentimento dos outros ministros) da notoriedade que este tinha na mídia branca, Lee evita pôr a culpa da desconfiança em sua fonte mais provável, Elijah Muhammad, cujas ressonâncias peculiares encontram-se primorosamente apresentadas na postura encantadora e gnômica de Al Freeman Jr. Lee escapa também de ter de explicar a traição e a renúncia de Malcolm por dois de seus irmãos na Nação depois de seu assassinato.

Outra ausência significativa refere-se à relação de Malcolm com outro líder da Nação do Islã, Louis Farrakhan, um de seus inimigos. Essa ausência também é percebida na biografia, em que seu nome não é sequer citado. Farrakhan, que ainda é vivo, é considerado um dos envolvidos no assassinato de Malcolm X, por ter declarado "*qualquer* homem como Malcolm X deveria morrer", como pode ser visto na citação apresentada a seguir. Durante a campanha à Presidência de Barack Obama, Farrakhan teve a sua imagem associada ao então candidato a presidente, por ter louvado suas raízes muçulmanas e exortado os seguidores da Nação do Islã a votar no candidato democrata. Dyson (1995, p.141) escreve a respeito da ausência de Farrakhan:

> Há outras ausências. A principal de todas elas é Louis Farrakhan, antigo cantor de calipso – anteriormente companheiro de

O X DE MALCOLM E A QUESTÃO RACIAL NORTE-AMERICANA **185**

Malcolm, mas depois seu inimigo –, e atual líder da Nação do Islã. A inimizade entre Malcolm e Farrakhan e a Nação do Islã continua até hoje, apesar da moderação dos sentimentos de Farrakhan, expressos em 1964 na declaração de que *"qualquer* homem como Malcolm merece morrer".

Lee também não filmou a proximidade entre Muhammad Ali e Malcolm X, tão retratada no texto biográfico, em que Haley tornou evidente a intimidade entre ambos e a importância de Malcolm na doutrinação de Ali, principalmente na sua vitória contra Sonny Liston, que rendeu ao boxeador seu primeiro título mundial dos pesos-pesados. De acordo com Dyson (1995, p.142):

> Ausente, também, é a figura de Muhammad Ali, que foi conduzido à Nação por Malcolm e era uma enorme atração para os jovens negros. Os dois tiveram um desentendimento sobre a saída de Malcolm do círculo social de Elijah Muhammad. Alguns anos mais tarde, porém, o próprio Ali seria banido pela Nação, o que levou à sua última passagem pelos arredores do Islã ortodoxo.

Spike Lee, assim como Haley, fugiu de uma grande polêmica sobre a vida pessoal de Malcolm. Ambos não deram qualquer indício de comportamento homossexual por parte de Malcolm. Se tratassem a respeito desse aspecto, Lee e Haley não poderiam ter construído o herói santificado que quiseram.

Dyson (1995, p.143) comenta a questão da homossexualidade e acrescenta outras ausências, como a possibilidade de o próprio Malcolm ter atado fogo em sua residência pouco antes de ter morrido e colocado a culpa na Nação do Islã; o filme, por sua vez, especulou sobre outra possibilidade de assassinato do pai de Malcolm, o suicídio e não o assassinato como é descrito por Haley no livro:

> Como a *Autobiografia de Malcolm X*, o trabalho de Lee evita algumas questões incômodas sobre as alegadas alianças homossexuais de Malcolm na época em que ele se prostituía, os eventos

186 VLADIMIR MIGUEL RODRIGUES

incertos envolvendo o incêndio de sua casa na Nação (e as alegações de ter sido o próprio Malcolm a colocar fogo), dúvidas se o pai de Malcolm morreu nas mãos de racistas brancos vingativos (um evento possível reproduzido por Lee) e a hábil manipulação de Malcolm da mídia branca, fascinada por seus excessos retóricos.

Sendo assim, Lee fez um recorte da personalidade de Malcolm X, aparando as "arestas" de sua vida, mostrando ao público o que lhe interessava sobre Malcolm. Vanoye e Goliot-Lété (1994, p.56) afirmam sobre a encenação de um filme:

> Em um filme, qualquer que seja seu projeto (descrever, distrair, criticar, denunciar, militar), a sociedade não é propriamente *mostrada*, é encenada. Em outras palavras, o filme opera escolhas, organiza elementos entre si, decupa no real e no imaginário, constrói um mundo possível que mantém relações complexas com o mundo real: pode ser em parte seu reflexo, mas também pode ser sua recusa (ocultando aspectos importantes do mundo real, idealizando, amplificando certos defeitos, propondo um "contramundo" etc.). Reflexo ou recusa, o filme constitui um *ponto de vista* sobre este ou aquele aspecto do mundo que lhe é contemporâneo.

Portanto, *Malcolm X* é um ponto de vista de Spike Lee. É a sua leitura, são as suas perspectivas e emoções acerca do líder negro das massas. Parece-nos que Lee deixou-se levar pela paixão que nutria pela figura de Malcolm e, por isso, ao construí-lo, retirou tudo aquilo que poderia ser considerado "ruim, indesejável, politicamente incorreto" para a personalidade do seu Malcolm, "herói mundial dos direitos civis", aquele que ficaria conhecido no mundo inteiro por meio do cinema.

Mais do que isso, Lee não quis entrar na polêmica sobre a vida particular de Malcolm ao não questionar o seu flerte com a homossexualidade. E, principalmente, sobre tudo aquilo que está envolvido e ainda não esclarecido sobre a morte de Malcolm, como o possível envolvimento de Louis Farrakhan. Aliás, este líder negro ainda é

O X DE MALCOLM E A QUESTÃO RACIAL NORTE-AMERICANA **187**

vivo e incluí-lo no filme poderia causar algum conflito com a imagem de Spike Lee.

Por fim, poderíamos indagar depois de toda a análise sobre *Malcolm X*: seria, então, o filme incompleto sobre a vida do líder negro? Acreditamos que não, ele é, assim como o livro de Haley, uma dentre tantas outras posições que existem e que vão existir sobre a vida de Malcolm X.

CONSIDERAÇÕES FINAIS

Após estudarmos a *Autobiografia de Malcolm X* e o filme *Malcolm X* e tantas outras fontes históricas, chegamos a algumas considerações pertinentes sobre a figura histórica de Malcolm X: existem vários Malcolms, alguns possuem características próximas, outros não. Aquele retratado por Alex Haley e Spike Lee, por exemplo, foi um personagem criado pelo biógrafo e pelo cineasta, respectivamente. Um personagem que teve suas características baseadas em fontes históricas, mas, acima de tudo, teve sua personalidade construída. Manifestações artísticas, como a literatura e o cinema, fazem uma interpretação e uma expansão da realidade.

Aos olhos de leitores e espectadores menos atentos, a biografia e o filme de Malcolm podem parecer "a verdade" sobre Malcolm, mas não o são. Representam as visões de mundo que Haley e Lee têm em relação ao seu objeto em comum. É válido lembrar que o contexto em que foram produzidas é temporalmente distante: Haley publicou *Autobiografia de Malcolm X* após o assassinato de seu personagem principal, no fervor social gerado pela polêmica após o episódio e ainda sob as dúvidas que pairavam no ar em relação ao cumprimento da Lei dos Direitos Civis de 1964; já Lee lançou seu *Malcolm X* em 1992, momento em que o país era governado por George Bush e os negros já haviam consolidado seus direitos civis.

O Malcolm de Haley e de Lee é um personagem interiorano que nasceu em uma cidade no coração dos Estados Unidos – Omaha, em Nebraska – e que se mudou para outras cidades por causa das perseguições raciais contra sua família, indo morar, por fim, durante a sua adolescência, em grandes cidades como Boston e Nova York, onde conheceu a marginalidade, os vícios e o crime. A construção heroica que Haley e Lee tentaram impor ao seu Malcolm contou com traços mais do que dramáticos, cada um à sua maneira e com a sua arte. A perda do pai, por meio da violência branca, a loucura da mãe, as desavenças com os irmãos e, por fim, o mergulho no submundo das drogas levaram Malcolm ao limbo. Nada que o personagem de Haley e Lee não pudesse enfrentar: na prisão se recuperou psicológica e educacionalmente, encontrou a religião, tornando-se um muçulmano fervoroso e saiu da prisão para tornar-se líder da população negra, odiado pela maioria branca.

A redenção e sacralização do personagem Malcolm, nas representações artísticas, tornaram-se completas quando ele, após refletir sobre erros de conduta política e religiosa, volta de Meca e da África com ideias mais heterodoxas, dialogando com todas as frentes do movimento negro e também com a população branca. No entanto, sua entrada no panteão dos deuses é feita por meio do seu assassinato em condições obscuras, em uma mesquita no Harlem. Coube a Lee esse papel. Tornou Malcolm, além de herói, um símbolo de resistência, por descrever, no cinema, a brutalidade, o drama e a comoção gerada pela morte do "irmão" Malcolm, como ele gostava de chamar os negros. É importante ressaltar também que existem vários vídeos sobre o assassinato de Malcolm X no YouTube. Alguns deles, por exemplo, foram feitos imediatamente após o assassinato. Mostram populares emocionados com a morte de Malcolm. Este, por meio dessas cenas, pode ser visto, sim, como um grande líder das comunidades negras carentes nos Estados Unidos.

Para nós, o comprometimento do livro e do filme com os fatos históricos não pode ser considerado em perfeita sincronia, pois, como observamos anteriormente, trata-se de visões parciais dos fatos sobre a vida de Malcolm. Dessa maneira, Haley e Lee, que, acima de tudo, admiram a figura de Malcolm, fizeram um recorte da vida de seu ídolo, tornando "memorável" aquilo que, para eles, era algo relevante e importante na construção de seu Malcolm "mito".

Como ressaltamos no Capítulo 3, alguns momentos da vida de Malcolm não foram sequer levantados por Haley ou Lee. O caso da homossexualidade é um deles. É claro que se trata de uma especulação sobre sua vida pessoal, mas, em uma biografia, isso vem à tona em algum momento. No entanto, como os biógrafos foram totalmente parciais com Malcolm, eles interpretaram que colocar essa perspectiva no texto literário ou no cinema não seria interessante na construção do "mito" Malcolm, uma vez que o preconceito poderia ser grande.

O livro e o filme também deram pouca atenção a uma polêmica ideia de Malcolm X, a da criação de um Estado separatista dentro dos Estados Unidos, na Região Sul do país, de maioria negra. Malcolm reivindicava o direito de a população negra ter o seu próprio território dentro dos Estados Unidos, pois somente dessa forma teriam a sua cultura valorizada e seus direitos efetivados, uma vez que, vivendo em meio aos brancos, não possuíam as garantias do Estado de direito. Essa possibilidade levantada por Malcolm, em sua fase radical, não ecoava dentro do movimento negro, pois o separatismo foi um trauma dentro da história dos Estados Unidos, como analisamos no Capítulo 1 sobre a Guerra de Secessão. Acreditamos que Haley, principalmente, não expôs essas ideias no livro, pois Malcolm poderia fortalecer a imagem de Malcolm como "separatista". Também acreditamos que Malcolm nunca levou muito adiante essa ideia, uma vez que ela, na prática, era inviável, visto que poderia gerar um amplo conflito civil armado e, acima de tudo, uma "guerra racial" entre brancos e negros. Entendemos que Malcolm utilizou essa perspectiva em seu discurso com o intuito de pressionar o governo norte-americano para conceder os direitos da população negra, afinal, nem ele e nem a Nação do Islã acreditavam realmente que poderiam conseguir efetivá-la. E, por extensão, o movimento negro da "resistência pacífica" de Martin Luther King Jr. rechaçava a ideia de separatismo, reivindicando os direitos dos negros dentro de uma democracia racial.

192   VLADIMIR MIGUEL RODRIGUES

Outra significativa ausência foi a sua inimizade com Louis Farrakhan. Nem Haley nem Lee enfatizaram a questão. Talvez a responsabilidade maior seja a de Lee, pois sua visão de Malcolm foi feita quase 30 anos após o assassinato no Harlem. Na década de 1990, documentos do Cointelpro foram divulgados pelo FBI, relacionando o assassinato de Malcolm a facções da própria Nação do Islã. Para nós, essa é a possibilidade mais aceita, principalmente pelo fato de Malcolm ter concentrado todas as atenções para si dentro da seita. Malcolm chamava muita atenção das pessoas, era carismático, eloquente, persuasivo, impositivo pela própria postura e aparência, diferentemente da monotonia e fragilidade das palavras e da figura de Elijah Muhammad. Não podemos nos esquecer de que Malcolm, embora fosse um ministro muçulmano e de hierarquia inferior ao "venerável" Elijah Muhammad, era muito mais importante e ativo política e socialmente do que o principal líder dos "muçulmanos negros".

A exposição de Malcolm, na grande mídia, foi fundamental para que fosse gerada uma inveja dentro da Nação do Islã. Elijah Muhammad se sentia inferiorizado dentro da organização religiosa que chefiava. Para Muhammad, Malcolm era um obstáculo à exposição da sua imagem. Na década de 1960, a grande mídia escrita e programas de *talk shows* falavam mais em Malcolm X do que em Nação do Islã. Ele estava acima da Nação do Islã, ou seja, Malcolm era o símbolo da organização, e não Muhammad. Lee exacerbou essa perspectiva no seu filme. Ele teve a possibilidade de, sutilmente, indicar a participação da Nação do Islã no assassinato de Malcolm, como analisamos no Capítulo 3.

Além dos confrontos internos, também podemos levantar a possibilidade de o FBI e a CIA terem atuado em conjunto com a Nação do Islã ou então simplesmente se omitido na questão, "lavando as mãos" em torno dos conflitos internos que havia dentro da organização. Para nós, a posição assumida na questão é de um envolvimento direto do FBI no assassinato de Malcolm, porque ele era um líder influente, um líder que poderia incitar uma revolta, que instigava, conscientizava e doutrinava parte da população negra dos guetos.

O X DE MALCOLM E A QUESTÃO RACIAL NORTE-AMERICANA **193**

Malcolm foi um líder de massas em uma época de turbulências não só nos Estados Unidos, mas também no mundo inteiro. Em meio à radicalização das discussões raciais, para o FBI, eliminar uma liderança como a de Malcolm seria de fundamental importância para acalmar os ânimos dos guetos, mesmo que sua morte gerasse revoltas. Teria sido a morte de Malcolm uma armação do FBI? Eliminar Malcolm e colocar a responsabilidade na Nação do Islã seria uma maneira fácil de retirar a culpa governamental na morte de um carismático líder e, ao mesmo tempo, evitaria qualquer tipo de motim ou revolta dentro da periferia contra o governo.

Fato é que Malcolm, ao morrer, passou de líder a herói de uma parcela significativa da comunidade negra. É possível que também afirmemos que a morte de Malcolm teve contornos de um mártir, visto que foi assassinado lutando pela causa da liberdade e da igualdade dos negros. Na cultura norte-americana, seu nome é associado a letras de *rap* dentro do movimento *hip-hop*. O grupo Public Enemy, em uma de suas mais célebres canções, conhecida como *Fight the power*, dialoga com os pensamentos de Malcolm quando incita a população a lutar pelo poder e pelos seus direitos. Aliás, o videoclipe, produzido também por Spike Lee, foi gravado na periferia de Nova York, em 1989, e cartazes com fotos de Malcolm são mostrados.

A prefeitura de Nova York homenageou Malcolm pela sua militância no movimento negro, batizando o nome de uma rua do bairro do Harlem de "Malcolm X Boulevard". Essa atitude é sinal de claro reconhecimento de sua importância para a comunidade negra nova-iorquina.

E finalmente, a importância de Malcolm pode ser verificada na sociedade norte-americana dos dias atuais, 48 anos após seu assassinato. Suas condutas política e social foram substanciais para a aquisição da Lei dos Direitos Civis de 1964 e, acima de tudo, para a sua efetiva aplicação nos dias atuais. Após a lei, os negros foram aos poucos se inserindo cada vez mais nas esferas sociais. A emergência das "ações afirmativas", como cotas universitárias que garantem vagas nas universidades, e a concessão de incentivos fiscais

194 VLADIMIR MIGUEL RODRIGUES

às empresas que contratassem afro-americanos tornaram possível o fim de ambientes monocromáticos no país, como era o caso das universidades do país.

Além disso, a garantia do voto aos afro-americanos, uma luta secular do movimento negro, desde a época dos escravos, trouxe contornos inéditos para a política dos Estados Unidos. Após 1964, a comunidade negra podia se sentir representada nas esferas do poder. Vieram vereadores, deputados, senadores, juízes, e, enfim, após quase meio século da conquista efetiva do voto, conseguiram eleger, no final de 2008, o primeiro presidente negro da história dos Estados Unidos, Barack Hussein Obama.

Malcolm, Martin Luther King Jr., os Panteras Negras e todos os outros que lutaram pela causa negra foram responsáveis diretos por essas conquistas. Conquistas que, aliás, já deveriam fazer parte da vida dos afro-americanos desde a independência do país com os ideais iluministas que diziam que "todos os homens são criados iguais". No entanto, infelizmente, sabemos que a construção da democracia, aos olhos da História, ocorre de maneira gradual, lenta, principalmente para as minorias que foram dominadas no processo de colonização, como foi o caso dos escravos africanos.

REFERÊNCIAS BIBLIOGRÁFICAS

AGUIAR E SILVA, V. M. *Teoria da literatura*. 8.ed. Coimbra: Almedina, 1988.

AGUIAR, F. et al. (Ed.). *Gêneros de fronteira*: cruzamentos entre o histórico e o literário. São Paulo: Xamã, 1997.

AQUINO, I. C. *Literatura e história em diálogo*: um olhar sobre Canudos. Passo Fundo: UPF, 1999.

ARRUDA, J. J. *História antiga e medieval*. São Paulo: Ática, 1974a.

_____. *História moderna e contemporânea*. São Paulo: Ática, 1974b.

AUMONT, J. et al. *A estética do filme*. 3.ed. Trad. Marina Appenzeller. Campinas: Papirus, 1995.

BANN, S. *As invenções da história*: ensaios sobre a representação do passado. Trad. Flávia Villas-Boas. São Paulo: Editora Unesp, 1994.

BARBOUR, F. B. *The black power revolt*. New York: Extending Horizon Books, 1968.

BARTHES, R. *O rumor da língua*. São Paulo: Brasiliense, 1988.

BASTOS, A. O narrador e o tempo no romance histórico, ontem e hoje. In: MARCHEZAN, L. G.; TELAROLLI, S. (Ed.). *Cenas literárias*: a narrativa em foco. Araraquara: Unesp, FCL, Laboratório Editorial/Cultura Acadêmica, 2002. p.11-21.

BENJAMIN, W. *Magia e técnica, arte e política*: obras escolhidas. 2.ed. Trad. Sérgio P. Rouanet. São Paulo: Brasiliense, 1986.

BERNARDET, J.-C. *O que é cinema*. 7.ed. São Paulo: Brasiliense, 1985.

BOYD, H. Malcolm after Mecca: Pan-Africanism and the OAAU. *Cineaste*, v.19, n.4, p.11-2, 1993.

196 VLADIMIR MIGUEL RODRIGUES

_____. Year of the X. *Black Scholar*, v.23, n.1, p.22-7, 1993.

BREITMAN, G. *Malcolm X speaks*. New York: Grove Weidenfeld, 1990.

BURKE, P. (Ed.). *A escrita da história*: novas perspectivas. Trad. Magda Lopes. São Paulo: Editora Unesp, 1992.

CARDOSO, C., F. *Narrativa, sentido, história*. Campinas: Papirus, 1997.

CASTRO, R. *O anjo pornográfico*. São Paulo: Companhia das Letras, 1992.

CAVALLARI, M. M. Onde estão os negros? Disponível em: <http://revistaepoca.globo.com/Revista/Epoca/0,,EDG75215-6013,00-ONDE+ESTAO+OS+NEGROS.html>. Acesso em: 23 jul. 2009.

CERTEAU, M. *A escrita da história*. Trad. Maria de Lourdes Menezes. Rio de Janeiro: Forense Universitária, 1982.

CHAUI, M. *Brasil – mito fundador e sociedade autoritária*. São Paulo: Fundação Perseu Abramo, 2000.

CHAVES, F. L. *História e literatura*. 2.ed. Porto Alegre: Editora da UFRGS, 1991.

CHRISTIAN, C. *Black Saga*: the African-American experience. A chronology. New York: Basic Books, 1998.

COMMAGER, H. S.; NEVINS, A. *História dos EUA*. Trad. Henrique Corrêa de Sá e Benevides. Rio de Janeiro: Edições Bloch, 1966.

COMPARATO, D. *Da criação ao roteiro*. 2.ed. Rio de Janeiro: Rocco, 1996.

CURY, F. *Martin Luther King, o pacificador*. São Paulo: Minuano, 2006.

DAVID, A. "The Battle for Malcolm X": Spike Lee's upcoming movie on the prophet of black pride ignites a debate. *Newsweek*, v.118, n.9, p.52-4, 1991.

DAVIDSON, C.; GROFMAN, B. *Quiet revolution in the South*: the impact of the Voting Right Act, 1965-1990. Princeton: Princeton University Press, 1994.

DELEUZE, G. *A imagem-movimento*. São Paulo: Brasiliense, 1985.

DYSON, M. E. Malcolm X: the man, the myth, the movie. *The Christian Century*, v.109, n.38, Dec. 1992, p.1186-95.

_____. *Making Malcolm, the myth & meaning of Malcolm X*. New York: Oxford University Press, 1995.

EMILIO, L. F. *A brave black regiment*: the history of the Fifty-Fourth Regiment of Massachusetts Volunteer Infantry, 1863-1865. New York: Da Capo Press, 1995.

ESTEVES, A. R. Literatura e história: um diálogo produtivo. In: REIS, L. de F. (Ed.). *Fronteiras do literário*. Niterói: Eduff, 1997. p.65-73.

FAUSTO, B. *História concisa do Brasil*. São Paulo: Edusp, 2002.

FRANKLIN, J. H.; MOSS JR., A. A. *Da escravidão à liberdade*: a história do negro americano. Trad. Rosa Freire d'Aguiar. Rio de Janeiro: Nórdica, 1989.

O X DE MALCOLM E A QUESTÃO RACIAL NORTE-AMERICANA   **197**

FREYRE, G. *Casa grande & senzala*: introdução à história patriarcal no Brasil. 42.ed. Rio de Janeiro: Record, 2001.

GALEANO, E. Crônicas. Disponível em: <www.patriagrande.net/uruguay/htm>. Acesso em: 24 jul. 2009.

GAY, P. *O estilo na história*: Gibbon, Ranke, Macaulay, Burckhardt. Trad. Denise Bottmann. São Paulo: Companhia das Letras, 1990.

GEORGAKAS, D. Who will speak for El-Hajj Malik El-Shabazz?: hagiography and a missing identity in Malcolm X. (by Any Reviews Necessary: Malcolm X Symposium). *Cineaste*, v.19, n. 4, p.15-7, 1992.

GOMES, F.; FERREIRA, R. A lógica da crueldade. *Nossa História*, São Paulo, n.3, p.12-7, 2005.

GRANT, J. (Ed.). *Black protest*: history, documents and analyses (1619 to the present). New York: Fawcett, 1991.

HALBWACHS, M. *A memória coletiva*. Trad. Laurent Leon Schaffter. São Paulo: Vértice, 1990.

HALL, S. *A identidade cultural na pós-modernidade*. Trad. Tomáz Tadeu da Silva e Guacira Lopes Louro. Rio de Janeiro: DP&A, 1999.

HALEY, A. *Autobiografia de Malcolm X*. Trad. A. B. Pinheiro de Lemos. Rio de Janeiro: Record, 1965.

HASLAM, G. W. The Awakening of American Negro Literature, 1619-1900. In: BIGSBY, C. W. E. (Ed.). *The black American writer*. Baltimore: Penguin, 1971. v.II.

HAUSER, T. The living flame. Disponível em: <http://observer.guardian. co.uk/osm/story/0,,1072751,00.html>. Acesso em: 24 jul. 2009.

HEYNEMANN, L. X. Cinema. *Associação de Críticos de Cinema do Rio de Janeiro*, Rio de Janeiro, v.1, n.1, 1994, p.72-4.

HUNT, L. *A nova história cultural*. Trad. Jefferson Luiz Camargo. São Paulo: Martins Fontes, 1992.

KAMINSKY, J. *A necessary Evil?*: slavery and the debate of the Constitution. Lanham, MD: Rowman & Littlefield, 2005. v.2.

KAYSER, W. *Análise e interpretação da obra literária*. 7.ed. Coimbra: Armênio Amado Editor, 1985.

KENNEDY, L. Is Malcolm X the right thing? (the making of the movie and analysis of director Spike Lee's body of work). *Sight and Sound*, v.3, n.2, p.6-11, 1993.

LE GOFF, J. *História e memória*. Trad. Bernardo Leitão e Irene Ferreira. Campinas: Editora da Unicamp, 1996.

LEENHARDT, J.; PESAVENTO, S. J. (Ed.). *Discurso histórico e narrativa literária*. Campinas: Editora da Unicamp, 1998.

198 VLADIMIR MIGUEL RODRIGUES

LEITE, L. C. M. Narração, ficção e história. In: _____. O foco narrativo: ou a polêmica em torno da ilusão. 4.d. São Paulo: Ática, 1989. p.71-86.

_____. Literatura e história. Notas sobre as relações entre os estudos literários e os estudos historiográficos. Literatura e Sociedade, n.5, p.18-28, 2000.

LOCKE, J. Adapting the autobiography: the transformation of Malcolm X. Cineaste, v.19, n.4, p.5-7, 1993.

LOTMAN, I. A estrutura do texto artístico. Trad. Maria do C. V. Raposo. Lisboa: Estampa, 1978.

LOTT, J. Keepers of history. Penn State University, 2002. Disponível em: <http://www.rps.psu.edu/0205/keepers.html>. Acesso em: 17 out. 2008.

MARABLE, M. Malcolm as Messiah: cultural myth vs. historical reality in Malcolm X. Cineaste, v.19, n.4, p.7-9, 1993.

MARTIN, M. A linguagem cinematográfica. Trad. Paulo Neves. São Paulo: Brasiliense, 2003.

MARX, A. W. Making race and nation: a comparison of the United States, South Africa and Brazil. Cambridge, UK: Cambridge University Press, 1998.

MARX, K.; ENGELS, F. O manifesto comunista. Brasília: Paz e Terra, 2008.

MATTELART, A.; NEVEU, É. Introdução aos estudos culturais. São Paulo: Parábola, 2004.

MAZZARI, M. V. Romance de formação em perspectiva histórica: O tambor de lata de Günter Grass. Cotia: Ateliê, 1999.

MCCLAY, W. Lincoln da América. Folha de S.Paulo, São Paulo, 22 fev. 2009. Mais!, p.6.

MCPHERSON, J, M. Drawn with the sword: reflections on the American Civil War. New York: Oxford University Press, 1996.

METZ, C. Linguagem e cinema. Trad. Marinilda Pereira. São Paulo: Perspectiva, 1971.

_____. A análise da imagem. Trad. Luís Costa Lima e Priscila Viana de Siqueira. Petrópolis: Vozes, 1974.

NASCIMENTO, E. L. Pan-africanismo na América do Sul, emergência de uma rebelião negra. Petrópolis: Vozes, 1980.

OLIVER, P. Savannah Syncopators: African retentions in the blues. New York: Stein and Day, 1970.

PAINTER, N. I. Malcolm X across the genres (motion picture Malcolm X and book The autobiography of Malcolm X). American Historical Review, v.98, n.2, p.432-40, 1993.

PASSOS, W. Timbuktu. Disponível em: <http://educacionista.ning.com/notes/Timbuktu>. Acesso em: 24 jul. 2009.

O X DE MALCOLM E A QUESTÃO RACIAL NORTE-AMERICANA **199**

PESAVENTO, S. J. (Ed.). *Leituras cruzadas*: diálogos da história com a literatura. Porto Alegre: Editora da UFRGS, 2000.

RIEDEL, D. C. (Ed.). *Narrativa*: ficção e história. Rio de Janeiro: Imago, 1988.

RISEN, C. How the South was won. Disponível em: <http://www. boston.com/news/globe/ideas/articles/2006/03/05/how_the_south_was_won/>. Acesso em: 24 jul. 2009.

SCHEINDLIN, R. *História ilustrada do povo judeu*. Trad. Miriam Groeger. Rio de Janeiro: Ediouro, 2003.

SCHILLING, V. *EUA x América Latina*: as etapas de dominação. Porto Alegre: Mercado Aberto, 1984.

_____. A conversão de Constantino – O Édito de Tolerância. Disponível em: <http://educaterra.terra.com.br/voltaire/antiga/2002/12/16/000.htm>. Acesso em: 24 jul. 2009.

SEIXAS, J. A. Halbwachs e a memória-reconstrução do passado: memória coletiva e história. *História*, São Paulo, n.20, p.93-108, 2001.

SOURIAU, E. *A correspondência das artes*: elementos de estética comparada. Trad. Maria Cecília de Queiroz Moraes Pinto e Maria Helena Ribeiro da Cunha. São Paulo: Cultrix, Edusp, 1983.

STAA, B. von. Jefferson foi um presidente hipócrita? Disponível em: <http://revistaescola.abril.uol.com.br/ensino-medio/jefferson-foi-presidente--hipocrita-427346.shtml>. Acesso em: 23 jul. 2009.

STEPHENS, R. J. Rappin' and Stylin' out in the USA: images of rap artists as contemporary tricksters and griots. *Challenge – A Journal of Research on African American Men*, v.9, n.2, p.25-56, 1998.

STERN, P. V. D. (Ed.). *The life and writings of Abraham Lincoln*. New York: The Modern Library, 1942.

STOREY, J. *What is cultural studies?* New York: Arnold, 1997.

THE GREATEST is gone. *Time*. Disponível em: <http://www.time.com/time/magazine/article/0,9171,919377-5,00.html>. Acesso em: 24 jul. 2009.

TRESCOTT, J. The battle over Malcolm X; Spike Lee vs. Amiri Baraka: who should immortalize the man on film, and how? *Washington Post*, v.114, Aug. 1991, p.91.

TUSKEGEE INSTITUTE. *Institute Lynch Report. Montgomery Advertiser*, 26 Apr. 1959. (re-printed in *100 Years Of Lynchings*, by Ralph Ginzburg, 1962).

TURVEY, M. Black film making in the USA: the case of Malcolm X. *Wasafiri: Journal of Caribbean, African, Asian and Associated Literatures and Film*, n.18, p.53-6, 1993.

VANOYE, F.; GOLIOT-LÉTÉ, A. *Ensaio sobre análise fílmica*. Campinas: Papirus, 1994.

200 VLADIMIR MIGUEL RODRIGUES

VESCIO, L.; SANTOS, P. B. *Literatura e história*: perspectivas e convergências. Bauru: Edusc, 1999.

VEYNE, P. *Como se escreve a história*. Trad. Antonio José da Silva Moreira. Lisboa: Edições 70, 1987.

VILAS BOAS, S. *Biografismo*: reflexões sobre as escritas da vida. São Paulo: Editora Unesp, 2008.

WEST, C. *Questão de raça*. São Paulo: Companhia das Letras, 1993.

WHITAKER, M. Malcolm X: the black martyred hero still haunts our conscience. A new film burnishes the myth. *Newsweek*, v.20, n.20, Nov. 1992, p.66-71.

WHITE, H. *Meta-história*: a imaginação histórica do século XIX. Trad. José Laurênio de Melo. São Paulo: Edusp, 1992.

WILENTZ, S. The worst president in History? Disponível em: <http://www.rollingstone.com/news/profile/story/9961300/the_worst_president_in_history>. Acesso em: 23 jul. 2009.

WILSON, E. *Patriotic Gore*. New York: Norton, 1994.

WOLFENSTEIN, E. V. *The victims of democracy*: Malcolm X and the black revolution. London: Free Association Books, 1989.

SOBRE O LIVRO

Formato: 14 x 21 cm
Mancha: 23,7 x 42,5 paicas
Tipologia: Horley Old Style 10,5/14
Papel: Offset 75 g/m² (miolo)
Cartão Supremo 250 g/m² (capa)
1ª edição: 2013

EQUIPE DE REALIZAÇÃO

Coordenação Geral
Marcos Keith Takahashi

Impressão e Acabamento:

psi 7

Printing Solutions & Internet 7 S.A